Los Evangelios

Material para la Escuela Dominical de adultos y jóvenes y para estudios y cursos bíblicos con 49 lecciones

D1301314

Por:
Stephen Brauning

Contribuyentes:
Rousson Deruisseaux
Marie Pierre Philippe
Gary Van Veen
Ralph Veenstra
Benjamín Héctor Olea

Publicado por:
el Comité de Educación de
la Iglesia Cristiana Reformada en la República Dominicana, Inc.

2022

Título: Los Evangelios
Subtítulo: Material para la Escuela Dominical de adultos y jóvenes y para estudios y cursos bíblicos con 49 lecciones
Autor: Stephen Brauning
Contribuyentes: Rousson Deruisseaux, Marie Pierre Philippe, Gary Van Veen, Ralph Veenstra y Benjamín Héctor Olea

Publicado por el Comité de Educación de la Iglesia Cristiana Reformada en la República Dominicana, Inc.

2022

Todas las citas bíblicas de esta publicación han sido tomadas de la Reina-Valera 1960, marca registrada de la American Bible Society, y de la Reina Valera Actualizada, Copyright © 2015 por la Editorial Mundo Hispano. Utilizados con permiso. Excepto si se indica otra versión.

INDICE

Lección 1
Introducción general a los Evangelios, primera parte:
Un evangelio y cuatro Evangelios

Texto: Romanos 1:16 "Porque no me avergüenzo del evangelio; pues es poder de Dios para salvación a todo aquel que cree, al judío primero y también al griego."

Introducción
Sabemos que todos los libros de la Biblia, juntos, son la Palabra de Dios. Es decir, no queremos considerar algunos libros como más importantes que otros. Sin embargo, no es difícil entender por qué los Evangelios son los favoritos de muchos cristianos, y se predican mensajes bíblicos frecuentemente de ellos. Estos cuatro libros que encontramos en la Biblia nos cuentan la vida y obra de Jesucristo, en quien tenemos la salvación.

I. Un evangelio y cuatro Evangelios
Parece una contradicción decir que hay cuatro Evangelios en la Biblia. Como muchos saben, la palabra *evangelio* significa *las buenas nuevas*, las cuales son el mensaje de salvación en Jesucristo. No tenemos cuatro mensajes de salvación, mucho menos cuatro salvadores diferentes. Hay un solo mensaje de salvación y hay un solo Salvador, Cristo Jesús. Sin embargo, Dios nos ha dado cuatro relatos diferentes del mismo evangelio. Cuando hablamos de cuatro Evangelios con la "E" mayúscula, es porque es parte del título del libro. Pero, cuando hablamos del evangelio con la "e" minúscula, es un solo.

Conversemos sobre estas preguntas:

1.   ¿Cuántos evangelios hay? Y, ¿cuántos Evangelios hay?

2.   ¿Cuál es la diferencia?

II. Cuatro relatos o retratos de Jesús

Hay varias maneras de pensar sobre los Evangelios y de entender porque tenemos cuatro relatos del mismo evangelio. Aquí presentaremos dos maneras. La primera trata de testigos oculares y la segunda de retratos.

A. Cuatro testigos: Cuando ocurren un accidente automovilístico, es muy probable que haya testigos con versiones diferentes del accidente. Una posible causa de esto la constituye las diferentes posiciones en la que se encontraban los testigos al momento de ocurrir el accidente, y desde las cuales lo observaron. Por ejemplo, supongamos que uno de los testigos se encontraba en un lado de la calle, otro al otro lado, un tercer testigo observó el accidente desde un autobús atrás del suceso, y otro era pasajero en uno de los carros accidentados. Es natural que estas diferentes posiciones desde las cuales se observó un mismo accidente originen distintos puntos de vista al narrar el mismo. Solamente escuchando a todos los testigos y considerando sus contextos, llegaríamos a la historia completa.

En el ámbito legal, también existen los testigos expertos. No tienen que ser testigos presenciales, porque, para ejercer su testimonio, no tiene que haber estado presentes en el hecho, sino, testifican sobre datos relevantes al hecho desde una perspectiva científica o técnica. En el caso del accidente, puede haber un mecánico que testifica que los frenos de uno de los carros estaban dañados, otro de Obras Públicas explica que el semáforo se encontraba averiado, y otro que testifica sobre el estado psicológico de uno de los choferes. Así, aportan al tema con sus conocimientos e investigaciones.

Así también podemos pensar en los autores de los cuatro Evangelios. Son testigos diferentes con distintos puntos de vista, y con acceso a una variedad de información sobre la vida de Jesús. Unos andaban con Jesús, otros investigaron la vida de Jesús, aunque fue mucho más tarde, usando varias fuentes, como testigos expertos. Todos relatan la historia de Jesús y el mensaje de salvación desde puntos de vista diferentes. La persona de Jesucristo y el mensaje de salvación no cambian, pero los distintos enfoques, perspectivas y detalles nos permiten ver a Jesús desde varios ángulos y escuchar el mensaje con toda su riqueza.

B. Cuatro retratos: Podemos comparar los Evangelio a los retratos que hacen los fotógrafos profesionales. No toman una sola foto, sino muchas, porque no es posible captar a toda la persona en una sola foto. En una foto de frente, no se capta el perfil de la persona. Así los departamentos de migración y otras autoridades piden fotos diferentes: unas de frente y otras de perfil. Si se toma una foto muy de cerca con solo la cara, no se va a poder saber la forma de su cuerpo, tal vez ni se va a poder ver el color del cabello. O si la toman a una distancia para incluir todo el cuerpo, se pierden los detalles de la cara., como el color de los ojos. Por eso, es bueno tener varias fotos de una persona para representarla de una forma más completa.

También es un asunto de gusto. Cada foto revela algo diferente de la persona, y ninguna de las fotos por sí sola presentan a la persona completamente. Por esto, se toman retratos variados de la pareja en las bodas.

Los Evangelios son retratos distintos de Jesús, y juntos nos dan una imagen más completa. No le es posible a un autor captar toda la vida y obra de Jesús en un escrito. Tiene que limitar su material y darnos un ángulo específico. Esto también es una ventaja, porque nos da más material y diferentes aspectos. Vale mucho más tener los distintos puntos de vista.

3. *¿Cuáles son las ventajas de tener varios testimonios distintos en el caso de un accidente automovilístico, u otro evento similar?*

4. *¿Cuál es el papel de un testigo experto, y cómo ayuda en aclarar asuntos en un accidente automovilístico?*

5. *¿Qué sería el equivalente al testigo experto en cuanto a los cuatro Evangelios?*

6. *¿Cuál sería mejor, tener uno solo Evangelio que tenga la sustancia de todos, o tener cuatro distintos Evangelios?*

Lección 2

Introducción general a los Evangelios, segunda parte: los Evangelios sinópticos

Texto: 1 Timoteo 2:5 "Porque hay un solo Dios y un solo mediador entre Dios y los hombres, Jesucristo hombre..."

I. Los testigos y las fuentes de los Evangelios

Ya hemos establecido que los cuatro Evangelios son como los testimonios de cuatro diferentes testigos de un solo evento, o como cuatro retratos diferentes de la misma persona. Esto nos ayuda valorar el hecho de que tenemos cuatro Evangelios. Un punto importante es sobre los testigos oculares o presenciales: Mateo y Juan formaron parte de los doce discípulos que anduvieron con Jesús y eran testigos directos de muchos, aunque no todos, de los hechos que se relatan en los Evangelios atribuidos a ellos. Pero esto no es el caso de Marcos ni de Lucas: no eran de entre los doce discípulos de Jesús, y nunca aparecen en los relatos como testigos presenciales. Esto los obligó a depender de otras fuentes de información para escribir sus relatos, lo que explica en parte las diferencias en sus contenidos. No se sabe por seguro quienes fueron sus fuentes, porque no se mencionan, pero la comparación de los textos permite apreciar que recurrieron a fuentes distintas.

Otro acercamiento a la cuestión sería, ¿a qué se deben las semejanzas entre los Evangelios? Claro, fueron inspirados por el Espíritu Santo. Además, ellos estaban relatando los mismos hechos relacionados a la misma persona, Jesús de Nazaret. Por eso hay una notable similitud de lenguaje y contenido. La evidencia sugiere que apelaron a fuentes comunes, de una forma u otra. Los textos y la historia indican que estas fuentes fueron orales y también escritas.

1. *¿A qué se debe el hecho de que los cuatro Evangelistas no dan el mismo relato de Jesús?*

2. *¿A qué se deben las similitudes entre los Evangelios?*

3. *¿Cuáles entre los cuatro evangelistas se pueden presumir haber sido testigos oculares?*

II. Los Evangelios sinópticos

Un aspecto que queda claro al lector atendido de los Evangelios es que hay tres, Mateo, Marcos y Lucas, que son muy parecidos, y uno, Juan, que es muy distinto a los demás. Los primeros tres siguen un orden muy parecido, aunque con algunas variaciones notables, relatan mucho del mismo material (enseñanzas, hechos, milagros, etc.), y usan un estilo y un vocabulario similares. Juan, por otro lado, abarca un estilo, un orden, y un contenido único, con algunos paralelos importantes, pero en su mayoría, distintos.

Es por esto, se les llaman a los primeros tres Evangelios *sinópticos*, ya que constituyen una sinopsis, es decir, una vista general o de conjunto de la vida y obra de Jesús.

Preguntas:
4. ¿Cuáles son los Evangelios sinópticos?

5. ¿Por qué se llaman así?

La ilustración en la siguiente página muestra la relación entre los Evangelios sinópticos (Mateo, Marcos y Lucas) en cuanto a su contenido compartido y no-compartido. Los valores numéricos se derivan de una comparación de los versículos, no palabra por palabra. Examínenlo, tomando en cuenta los porcentajes de cada uno de los Evangelios sinópticos es único de ellos, cuánto es compartido con otro de ellos, y cuánto es compartido con los otros dos.

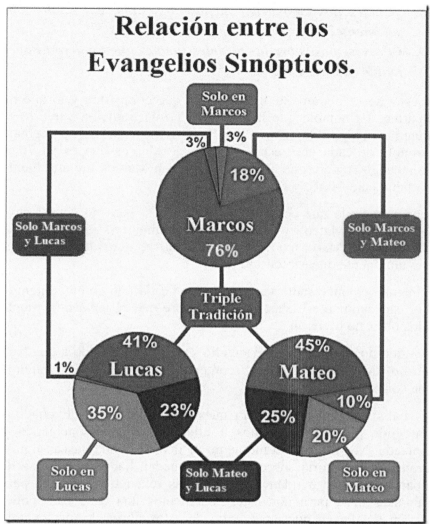

Fuente: Honoré, A.M. (1968). "A statistical study of the synoptic problem"

Contestemos según el diagrama.

6. ¿Qué es la llamada "Triple tradición"? Explíquenlo en detalle.

7. ¿Cuál de los sinópticos tiene el porcentaje más grande de contenido único?

8. *¿Cuáles dos comparten menos contenido, entre ellos dos solamente?*

9. *Conversemos sobre las posibles fuentes que pudieran haber tenido Marcos y Lucas.*

Con esto, se ve claramente el contenido que comparten y lo que no comparten. Es notable que la llamada "Triple tradición", que es el contenido compartido entre los tres, representa un porcentaje importante de cada uno, especialmente de Marcos que es un 76%. Este hallazgo sugiere que el Evangelio según Marcos fue una fuente importante para Mateo y Lucas.

También se ve lo que comparten dos de ellos, pero no con el otro, especialmente Mateo y Lucas, que comparten una cantidad importante que Marcos no tiene. Esto sugiere que Mateo y Lucas tenían una fuente que Marcos no tuvo.

Finalmente, es interesante ver lo que tiene cada uno como contenido único, especialmente Lucas, lo que sugiere que él tenía otra fuente que los otros no tuvieron.

Noten que no se incluye el Evangelio según Juan, debido a que solo como un diez por ciento de su contenido es compartido en alguna forma con los sinópticos.

Este análisis es importante para nuestro estudio de los Evangelios porque nos permite acercarnos a ellos de manera sistemática y organizada. Nos informa al momento de decidir dónde buscar alguna información o historia sobre Jesús. Se pueden hacer otros tipos de comparaciones que ayudan a entender las relaciones también, para profundizar más, pero con este, ya tenemos una base para poder entrar en detalle en nuestro estudio de estos libros de incalculable valor, los Evangelios.

10. *¿Por qué no se considera el Evangelio según Juan como uno de los sinópticos?*

Lección 3

Introducción general a los Evangelios, tercera parte: comparando los cuatro Evangelios

Texto: Marcos 1:1 "El principio del evangelio de Jesucristo, el Hijo de Dios."

Hemos establecido que los cuatro Evangelios tienen similitudes y también diferencias, y merecen ser estudiados juntos y aparte, y en detalle. En la pasada lección comparamos los contenidos en porcentajes. Otra comparación básica y puramente numérica es en cuanto a su volumen. La próxima tabla indica la cantidad de palabras que contiene cada uno en el griego, el idioma original en que fue escrito el Nuevo Testamento.

Mateo	18,345 palabras
Marcos	11,305 palabras
Lucas	19,482 palabras
Juan	15,635 palabras

Fuente: https://catholic-resources.org/Bible/NT-Statistics-Greek.htm

Con esto se ve que Lucas es el Evangelio más extenso, seguido por Mateo, luego, Juan, y finalmente, Marcos es el más corto, solo un 58% del volumen de Lucas.

A través de nuestro estudio, vamos a comparar el contenido ellos de manera directa. Hoy, lo vamos a hacer a través de un ejercicio de comparación de las introducciones de los cuatro Evangelios, incluyendo la presentación de Juan el Bautista y las genealogías de Jesús.

Busquen los siguientes pasajes introductorios y responden a las preguntas. Si quieren, pueden apuntar las respuestas en las casillas.

Preguntas ↓	Mateo 1:1-17	Marcos 1:1-3	Lucas 1:1-4	Juan 1:1-18
1. ¿Cómo introducen sus libros? (temas, formas, contenido)				
2. ¿Cómo y dónde citan al Antiguo Testamento?				
3. ¿Cómo presentan a Jesús? (nombres, etc.)				
4. ¿Presentan la genealogía de Jesús?			(vean Lucas 3:23-38)	
5. ¿Qué presentan acera de Juan el Bautista?		(Vean vs. 5 a 8)		
6. ¿Los autores identifican sus fuentes? ¿Cómo?				

Con esto, observamos que hay mucho en común. También, apreciamos que cada evangelista aporta temas y contenidos distintos. Muchos eruditos han profundizado las explicaciones, los motivos, y los significados de los elementos en que difieren los evangelistas uno al otro. También lo vamos a hacer nosotros a en este estudio.

7. ¿Cómo nos ayudan es que las cuatro introducciones diferentes nos ayudan a conocer mejor a Jesús?

Conclusión

Las lecciones a continuación entrarán en estudio más profundos de los cuatro Evangelios. Primero, hay una serie de lecciones introductorias para cada uno. Luego seguiremos principalmente el formato y contenido del Evangelio según Mateo para estudiar la persona, la vida, el ministerio, y el mensaje de Jesús. Eso es debido a su amplio contenido que nos permitirá cubrirlo en gran detalle, enfocando en su mensaje particular y también temas paralelos y común con los otros Evangelios sinópticos. También tomaremos "desvíos" para no perder el contenido particular de cada uno de los otros Evangelios, y así apreciar sus aportes y énfasis particulares.

Al final, veremos que juntos, nos traen un amplio y poderoso mensaje que es un mismo evangelio, el mensaje de salvación. Esperamos poder darnos cuenta de que la diversidad de los cuatro Evangelios le da una riqueza a este mensaje.

También esperamos que esta introducción a los Evangelios ayude a despertar un interés y discernimiento nuevo para un estudio aún más profundo, para que conozcamos mejor a Cristo y su mensaje libertador. Y todo esto, para que podamos compartir mejor este evangelio a un mundo que tanto lo necesita.

8. ¿Cuál es la importancia de estudiar cada Evangelio, y no solo estudiar uno de ellos?

9. ¿Cuál es la importancia en comparando el contenido de los Evangelios?

10. ¿Cuál es la ventaja de tener cuatro relatos diferentes de Jesús?

Lección 4
Introducción al Evangelio según Mateo:
Jesús el rey mesías, primera parte

Texto: Mateo 9:9 "Pasando de allí más adelante, Jesús vio a un hombre llamado Mateo, sentado en el lugar de los tributos públicos, y le dijo: "¡Sígueme!" Y él se levantó y le siguió."

I. La autoría del Evangelio según Mateo
El autor de este Evangelio no hace referencia a sí mismo. O sea, en ningún lugar aparece una declaración de parte del autor diciendo quién es. Sin embargo, el consenso entre los que han estudiado los Evangelios desde la antigüedad es que Mateo, apóstol del Señor, fue el autor de este relato de la vida de Cristo.

Leamos los siguientes versículos que relatan el llamado de Mateo (o Leví), y luego, contestemos las preguntas en cuanto a quién era Mateo y otros datos relacionados a él.

➢ *Mateo 9:9, 10*
➢ *Marcos 2:14, 15*
➢ *Lucas 5:27-29*

1. ¿Quién era Mateo?

2. ¿Cuál otro nombre tenía?

3. ¿Dónde Jesús lo encontró (ciudad, lugar de trabajo, etc.)?

4. ¿Cuál era su trabajo antes de conocer a Jesús?

5. ¿Qué implicaba su trabajo en cuanto a su estatus social y su economía?

6. ¿Cómo respondió Mateo al llamado de Jesús? ¿Cómo esto habría afectado su vida?

7. Notemos las leves diferencias que hay entre estos tres relatos:

8. ¿A qué se deben estas diferencias, y qué significan?

Luego de responder al llamado de Jesús, Mateo formó parte de "los doce" discípulos que andaban con él.

9. Leamos Mateo 10:1-4 y mencionemos otro "título" o llamado que tuvo Mateo (vean el vs. 2).

Con este y otros ejemplos en los Evangelios, queda claro que Mateo fue testigo ocular al ministerio de Jesús, hasta el momento que ese ascendió al cielo (Leamos Hechos 1:9-13).

II. Características del Evangelio según Mateo
A. Su estructura: Se puede dividir el Evangelio según Mateo en tres partes principales:
    1. El nacimiento y la niñez de Jesús (Mateo 1-2),
    2. Su ministerio de enseñanza y sanidad (cap. 3-26:47), y
    3. Su crucifixión y resurrección (cap. 26:48-28).

B. Sus enseñanzas. Como todos los Evangelios, éste nos ofrece una selección de las obras y de las enseñanzas de Jesús, pero parece que la selección obedece a un plan específico según el propósito de Mateo. En Mateo no encontramos un rígido orden cronológico de los hechos, sino secciones compuestas de narraciones seguidas por un discurso. Hay cinco discursos importantes en el Evangelio:
    1. Capítulos 5-7: "El sermón del monte"
    2. Capítulo 10: Jesús envía a sus discípulos a su primera misión.
    3. Capítulo 13: Parábolas del reino de los cielos
    4. Capítulo 18: Un discurso sobre el reino
    5. Capítulo 24-25: El discurso del fin de la era

Mateo agrupa su material en secciones con el fin de destacar ciertos grandes rasgos de la obra y del ministerio del Señor. Su Evangelio tiene algunas otras características distintas:

C. Citas del Antiguo Testamento. Aunque todos los Evangelios citan pasajes del Antiguo Testamento (A.T.), Mateo tiene notablemente más citas y alusiones que los demás, por los menos 80, sacadas de 25 de los 39 libros en el A.T. Muy a menudo, Mateo introduce sus citas por medio de fórmulas como la de 1:22: *Todo eso acontecíó para que se cumpliese lo que fue dicho por el Señor, por el profeta...* Aproximadamente 16 de estas citas, como ese último, refieren a la identidad de Jesús como él que fue prometido y/o profetizado como el salvador, el mesías, el rey, etc. Así, Mateo quiere dejar claro que la persona y obra del Mesías es el cumplimiento de la profecía anterior.

Leamos los siguientes versículos de Mateo y las citas del Antiguo Testamento, y alguien diga cuál es la promesa, profecía, o alusión que refiere a la identidad de Jesús:

11. *Mateo 1:3-6 y Ruth 4:18-22*

12. *Mateo 1:22-23 e Isaías 7:14*

13. *Mateo 2:5-6 y Miqueas 5:2*

14. *Mateo 2:15 y Oseas 11:1*

15. *Mateo 8:17 e Isaías 53:4*

III. Propósitos y temas del Evangelio según Mateo

Mateo enfoca especialmente en cómo la vida y el ministerio de Jesús comprueban que él es mesías y rey, en cumplimiento de las profecías del Antiguo Testamento. Por lo tanto, a este Evangelio a menudo se le llama *el Evangelio a los judíos.* Pero, esto no quiere decir que este Evangelio está dirigido solamente a los judíos, porque el mensaje tiene un aspecto universal como se aprecia en Mateo 28:18-20. Pero, obviamente, como el Antiguo Testamento era y es todavía el libro sagrado de los judíos, ellos apreciaban más, y a ellos les interesaban más, las citas del Antiguo Testamento que a los gentiles.

15. *¿Por qué a menudo se llama al Evangelio según Mateo, "El Evangelio a los judíos"?*

16. *¿Es el mensaje de este Evangelio solamente para los judíos?*

17. *¿Cómo lo sabemos?*

Lección 5
Introducción al Evangelio según Mateo:
Jesús el rey mesías, segunda parte

Texto: Mateo 27:11 "Jesús estuvo de pie en presencia del procurador, y el procurador le preguntó diciendo: ¿Eres tú el rey de los judíos? Jesús le dijo: Tú lo dices."

A. Jesús, el rey mesías
La finalidad del Evangelio según Mateo es presentar a Jesús a los judíos como su mesías y rey. Mateo quiere demostrar claramente que Jesús es el Mesías que fue profetizado en el Antiguo Testamento.

Leamos los siguientes textos e indiquemos cómo demuestran que Jesús es el rey de Israel:

1. *Mateo 1:1*
2. *Mateo 2:2 y 11*
3. *Mateo 21:9 y 15*
4. *Mateo 26:64*
5. *Mateo 27:11, 28, y 37*

Busquemos algunos otros textos que establecen este tema.

Comenzando con la genealogía de Jesús, Mateo quiso hacer ver a los judíos que ese era él que fue prometido en el Antiguo Testamento. Al declarar a Jesús como hijo de Abraham, el padre de la raza judía, vincula también a Jesús a la promesa dada en el llamamiento de Abram en Génesis 12: *y serán benditas en ti todas las familias de la tierra* (vs. 3). Por medio de la salvación que tenemos en Jesucristo, todos participamos en esta bendición. Aunque Dios comenzó con Abram, y siguió a través del pueblo de Israel como su instrumento, la bendición no es limitada a esta nación, más bien se hace universal en Cristo.

David fue el rey más importante en la historia de Israel, y Dios hizo pacto con él en que promete establecer su trono para siempre (2 Samuel 7:5-16). De la familia de David, Israel recibiría su Rey ideal que fundaría un reino eterno. El pueblo de Israel esperó por mucho tiempo al Rey prometido en las Escrituras. Al presentar a Jesús como hijo de David, Mateo en efecto corona a Jesús como el cumplimiento de esta promesa de un rey eterno.

Estas frecuentes citas Antiguo Testamento dejan claro que Jesús es el mesías y el rey que da continuación a y cumplimiento de Antiguo Testamento. Por lo tanto, debido a su estrecha relación con el Antiguo Testamento, este Evangelio fue puesto a la cabeza de los Evangelios. Así, establece un puente en la Biblia entre ambos Testamentos.

B. El reino de los cielos. Juntamente con la venida del mesías y rey prometido, los judíos también esperaban un reino glorioso en la tierra. Aunque esperaban un reino político que reemplazaría al imperio romano, el reino del evangelio no llega a centrarse en un trono visible, sino en una cruz. Este reino en los otros evangelios se llama por lo general *el reino de Dios*, pero Mateo prefiere usar la frase *el reino de los cielos*. Para los judíos esta frase era más aceptable, por no mencionar el sagrado nombre de Dios.

Mateo se preocupa más que los otros evangelistas por declarar las características de este reino. En el famoso sermón del monte (Mateo 5-7), Jesús anuncia los valores radicales del reino. También las abundantes parábolas enseñan sobre el reino, usando múltiples alusiones y ejemplos de cómo es: que es misterioso, y a la vez tan obvio y claro. Es poderoso, a pesar de parecer débil. Sobre todo, vemos como Jesús nos invita a formar parte de este reino de manera coherente y consciente. Es un tema tan abarcador, tan acogedor, y tan llamativo, y a la vez, tan desafiante y comprometedor. Vamos a estudiar todo esto más adelante.

C. La ley. Otro tema importante del Evangelio según Mateo trata de la ley. Para los judíos la ley de Dios revelada en el tiempo de Moisés era importantísima y formaba la base de su relación con Dios. Cumplir la ley de Moisés era su responsabilidad en cuanto al pacto que Dios hizo con Israel, pero sucedió que entre los fariseos y escribas esta ley se convirtió en una pobre justicia externa. Se preocupaban más por cumplir los requisitos externos de la ley que por cumplir con el espíritu de la ley.

En Mateo 5:17-48 encontramos las enseñanzas de Jesús con respecto a la ley y, también, su relación con la ley. Introduce este importante tema con las palabras,

> *No penséis que he venido para abrogar la ley o los profetas; no he venido para abrogar, sino para cumplir.*

Jesús está claro: la ley es necesaria. Pero, sigue con sus aclaraciones en cuanto a *cómo* se cumple. Puntualiza el espíritu de la ley, la actitud recta del corazón que debe ser la fuente de nuestro comportamiento. Condena la mera adecuación externa que surge de y produce orgullo espiritual, y finalmente conduce a una actitud de justificarse a sí mismo.

Este tema es de importancia fundamental también para los de nosotros que fuimos criados bajo enseñanzas legalistas, similar a la situación del pueblo judío en el tiempo de Jesús. Puede pasar a cristianos también. Siempre es un peligro el requerir a los conversos el conformarse a nuestras reglas, expectativas y costumbres (no fumar, ropa apropiada, etc.), sin enfatizar el espíritu de ellas, con el agravante de que llegan a convertirse en una justicia externa. Claro, la ley es buena y necesaria, pero, lo que nos enseña sobre todo es que no la podemos cumplir perfectamente, y por eso, necesitamos a Jesucristo, quien es el cumplimiento de toda la ley y los profetas y es nuestra justicia.

6. ¿Quién es Jesús, según Mateo?

7. ¿Cómo es el reino de los cielos, según Mateo?

8. ¿Cuál era la relación entre la ley de Moisés y las enseñanzas de Jesús?

9. ¿Cuál es el peligro de exigir conformidad a la ley sin trabajar con el espíritu de la ley, y cómo resuelve esto Jesús?

Lección 6
Introducción al Evangelio según Marcos:
Jesús el siervo de Dios, primera parte

Texto: Marcos 10:45 "Porque el Hijo del Hombre tampoco vino para ser servido, sino para servir y para dar su vida en rescate por muchos."

I. La autoría del Evangelio según Marcos
Igual como vimos en el Evangelio según Mateo, el autor de este Evangelio no hace referencia a sí mismo en parte alguna. Sin embargo, el consenso entre los que han estudiado los Evangelios desde la antigüedad es que Marcos, también conocido como Juan Marcos, compañero de los algunos de los apóstoles, fue el autor de este relato de la vida de Cristo.

Leamos los siguientes versículos que hacen referencia a Marcos (o Juan Marcos), y luego, contestemos las preguntas en cuanto a quién era y otros datos relacionados a él.

- ➢ *Hechos 12:12*
- ➢ *Hechos 12:25*
- ➢ *Hechos 13:5*
- ➢ *Hechos 13:13*
- ➢ *Hechos 15:36-41*
- ➢ *2 Timoteo 4:11*

1. A base de Hechos 12:12, ¿de dónde era Juan Marcos?

2. ¿A quiénes acompañó en viajes misioneros?

3. ¿Por qué Pablo no quería llevarlo en otro viaje misionero?

4. ¿Qué revela 2 Timoteo 4:11 en cuanto a la relación de Pablo y Juan Marcos?

Aunque Marcos era compañero del apóstol Pablo y de Bernabé, el Evangelio según Marcos se relaciona estrechamente con la persona y las cartas de Pedro. Es posible que Marcos escribió su Evangelio mientras estaba en Roma, donde estaba también Pedro en los últimos años de su vida. Es probable que Marcos haya ayudado al apóstol Pedro.

Hay un dato interesante y curioso acerca de la persona de Juan Marcos. Sólo Marcos relata el incidente del joven que estuvo presente durante el apresamiento en el Huerto, y quien, cuando lo quisieron prender, huyó desnudo, dejando la sábana en la que estaba envuelto (Marcos 14:51-52). El incidente no parece añadir nada esencial o especial a la narración general, por lo que debe interesarle personalmente a Marcos. Por lo tanto, muchos opinan que él mismo era el joven.

II. Características del Evangelio

A. La brevedad. Marcos destaca la vida y obra del Señor en un estilo breve y conciso. No le interesa ordenar su material según un plan complicado. Basta escribir de una forma animada y gráfica las poderosas obras tal como las había oído explicar por Pedro. Una acción sigue otra en una manera rápida. Aunque este Evangelio es el más corto, las narraciones de Marcos a veces incluyen detalles que no encontramos en los otros Evangelios. Por ejemplo, sólo Marcos nota que Jesús dormía con la cabeza sobre el almohadón en la popa del barco cuando se levantó la tempestad (4:38). Marcos quiere darnos un relato ocular y gráfico de Jesús y sus obras.

Por causa de su brevedad y sencillez, a menudo se les sugiere a nuevos creyentes que comiencen estudiar el Evangelio con el de Marcos. Desde que muchos romanos en el mundo antiguo fueron atraídos por este convincente retrato, Marcos es frecuentemente llamado el Evangelio a los romanos.

B. Es un Evangelio de acción y urgencia. Comparado con Mateo y Lucas, notamos que Marcos incluye menos discursos, y los que presenta son abreviados. Da mayor énfasis a las acciones de Jesús. No es que no da importancia a las enseñanzas, sino, que, en vez de expresarlas en discursos, Marcos permite que las acciones hablen por si solas.

También, los eventos son reportados "en seguida", o "inmediatamente", usando la palabra *eutheos* en griego, la cual se encuentra cuarenta veces en este breve libro. En cambio, Mateo, que es mucho más largo, solo usa esta palabra quince veces.

Para demostrar este sentido de urgencia que expresa Marcos, busquen los siguientes versículos que tienen la palabra *eutheos* en griego, que significa "en seguida", o "inmediatamente". Si tienen la Nueva Versión Internacional (NVI), verán que dice "en seguida" en cada uno de estos casos. Pero la Reina Valera de 1960 (RV60) usa "y luego", que no tiene la misma urgencia.

Para cada versículo, conversemos sobre el movimiento, la acción, y la urgencia que se perciben.

>   *5. Marcos 1:10*
>
>   *6. Marcos 1:12*
>
>   *7. Marcos 1:20*

D. Marcos hace menos referencia **a citas del Antiguo Testamento (A.T.)** que Mateo. Por ejemplo, Mateo hace múltiples referencias a profecías del A.T. en relación al nacimiento de Jesús, pero Marcos no lo hace. Tampoco detalla las tentaciones que Jesús superó, pero Mateo lo hace con varias citas directas del A.T. Esto no quiere decir que Marcos no cita el A.T., o que rehúsa relacionar al Mesías con la revelación anterior. Lo hace menos y en su estilo más abreviado, así demostrando que no es la preocupación de este Evangelio. Comparen los siguientes textos paralelos y noten el uso o falta de uso de citas del A.T.

Preguntas ↓	Mateo 4:12-17	Marcos 1:14-15
8. ¿Usa una cita del Antiguo Testamento?		
9. Si hay una, ¿cuál es?		
10. ¿Qué significado o importancia tiene la cita?		

Preguntas ↓	Mateo 8:14-17	Marcos 1:29-34
11. ¿Usa una cita del Antiguo Testamento?		
12. Si hay una, ¿cuál es?		
13. ¿Qué significado o importancia tiene la cita?		

Lección 7
Introducción al Evangelio según Marcos:
Jesús el siervo de Dios, segunda parte

Texto: Marcos 10:29 y 30 "Jesús le dijo: --De cierto os digo que no hay nadie que haya dejado casa, o hermanos, o hermanas, o madre, o padre, o hijos, o campos, por causa de mí y del evangelio, que no reciba cien veces más ahora en este tiempo: casas, hermanos, hermanas, madres, hijos y campos, con persecuciones; y en la edad venidera, la vida eterna."

I. Siguiendo **el orden del ministerio de Jesús**, se puede dividir el Evangelio en cuatro partes:
    1. Los principios del ministerio: 1:1-13
    2. Ministerio en Galilea: 1:14-9:50
    3. Ministerio en Judea y Perea: capítulo 10
    4. Pasión y resurrección: capítulos 11-16

II. Propósitos y temas del Evangelio
Tengamos siempre en mente que siempre el propósito principal de todos los evangelistas es: presentar al Salvador y su obra. Marcos lo logra con claridad a través de la gráfica descripción de sus obras, que dan pie a breves enseñanzas. Además, recibimos una perspectiva particular de Jesús y su obra que consideramos a continuación.

A. La presentación de Jesús como "el siervo de Dios". Ya hemos examinado la presentación que nos dio Mateo de Cristo como Rey. Ahora consideramos los énfasis de Jesús que Marcos nos presenta. En el prólogo del Evangelio, encontramos el bautismo de Jesús (1:9-11). En los versículos 10 y 11, podemos ver referencias al Antiguo Testamento, particularmente al libro de Isaías: *Y luego, cuando subía del agua, vio abrirse los cielos, y al Espíritu como paloma que descendía sobre él. Y vino una voz de los cielos que decía: Tú eres mi Hijo amado; en ti tengo complacencia.* (1:10-11). Las palabras de Isaías 42:1 y también de 64:1 hallan eco en estas palabras de Marcos: *He aquí mi siervo, yo le sostendré; mi escogido, en quien mi alma tiene contentamiento; he puesto sobre él mi Espíritu; él traerá justicia a las naciones* (42:1) y *Oh, sí rompieses los cielos, y descendieras. . .* (64:1). Isaías 42 y 53 presentan al Mesías como el

Siervo de Dios que había de laborar, sufrir y morir por el pueblo. Un texto clave que relaciona el Evangelio según Marcos con este tema es Marcos 10:45: Porque el Hijo del Hombre no vino para ser servido, sino para servir, y para dar su vida en rescate por muchos.

Jesús es el siervo de Dios que está listo para sufrir y morir. En Marcos 8:31-38, Jesús anuncia su muerte y reprende a Pedro que no quiso escuchar esto. También en Marcos 9:12 Jesús habla de la necesidad de su sufrimiento y una vez más en Marcos 10:32-34.

Este siervo es perfectamente humano. A veces Jesús está enojado, por ejemplo, cuando reprendió a Pedro (8:33) y cuando echó a los vendedores del templo (11:15-17). No pudo hacer milagros en la ausencia de fe (6:5-6). Su conocimiento era limitado en cuanto a los últimos días (13:32). Así, Marcos nos presenta a Jesús en toda su humanidad.

Necesitamos ver este retrato de Jesús y predicar el mensaje de Marcos, por lo menos por dos razones. Primero, como Jesús era humano y sufría mucho, él es perfectamente capaz de entender nuestro sufrimiento y de consolarnos. Jesús es el amigo fiel que entiende nuestras dificultades. Segundo, en la misma forma en que Jesús vino a servir, los cristianos y los líderes de la iglesia también deben preocuparse por servir al pueblo. Debemos estar listos para sufrir por el Evangelio y por Jesucristo y no preocuparnos tanto por lo que la iglesia y el pueblo nos deben a nosotros.

B. El reino llega con poder. Como los otros Evangelios, este Evangelio también trata del Reino de Dios. En Marcos 1:14-15, Jesús comienza su ministerio con el anunciar el Reino de Dios: El tiempo se ha cumplido, y el reino de Dios se ha acercado; arrepentíos, y creed en el evangelio. No se puede entender el evangelio aparte del Reino de Dios. Al arrepentirse y aceptar a Jesús, la persona se hace un súbdito del Reino de Dios.

En el Evangelio según Marcos vemos que este Reino llega con poder. Hay una parábola en Marcos que no aparece en ningún otro Evangelio; es la de la semilla de mostaza. La más pequeña de las semillas llega a ser la mayor de todas las hortalizas. Así también el Reino de Dios llega a ser muy importante, a pesar de haber iniciado como algo quizás insignificante.

Marcos, más que los otros autores, destaca los milagros y obras poderosas de Jesús. Las narraciones de Marcos 4:35-5:43 son buenos ejemplos de ese poder. Al calmar Jesús la tempestad, demuestra su poder sobre los elementos y poderes naturales. Al sanar al endemoniado gadareno, demuestra su poder sobre los demonios. Al sanar a la hija de Jairo, demuestra su poder sobre la muerte y, al sanar a la mujer que tocó su manto, Jesús demuestra su poder sobre la enfermedad. ¡El Reino que Jesús proclama, llega con poder!

1. ¿Cuál es el retrato de Jesús que nos presenta Marcos?

2. ¿Cómo nos ayuda el retrato de Jesús que encontramos en este Evangelio?

3. Lea Marcos 8:34-9:1. ¿Cómo entendía Jesús su propio ministerio?

4. ¿Cuáles eran las características de su ministerio?

5. ¿Qué implicaciones tiene, según Jesús, el ser discípulo de él?

6. Conversen sobre algunos ejemplos de cuando Jesús demostró el reino de Dios con poder.

Lección 8
Introducción al Evangelio según Lucas:
Jesús el Hijo del Hombre, primera parte

Texto Lucas 1:3 y 4 "...me ha parecido bien también a mí, después de haberlo investigado todo con diligencia desde el comienzo, escribírtelas en orden, oh excelentísimo Teófilo, para que conozcas bien la verdad de las cosas en las cuales has sido instruido."

I. La autoría del Evangelio según Lucas

Otra vez encontramos que el autor de este Evangelio no se nombra a sí mismo. Pero, en la introducción de su obra, deja una pista ha permitido a los eruditos concluir que el autor es un personaje bíblico llamado Lucas, compañero de los algunos de los apóstoles.

Ejercicios bíblicos:

1. Leamos Lucas 1:1 y Hechos 1:1

> *¿Qué observamos en cuanto al autor de las dos obras?*

2. Ahora leamos Hechos 21:1-18.

> *¿Qué hay en la gramática en esta lectura que es una pista en cuanto al autor?*

3. Comparemos este relato con el capítulo anterior (Leamos 20:36-28) y en el siguiente relato (21:26 en adelante).

> *¿Qué diferencia hay en la gramática en estas dos lecturas?*

4. Leamos los siguientes versículos que hagamos referencia a Lucas. ¿Cómo nos ayudan estos pasajes saber algo sobre el autor del Evangelio en cuestión?

> ➢ *Colosenses 4:14*
> ➢ *I Timoteo 4:11*

II. La composición y organización del Evangelio según Lucas
A. Su composición

En la introducción de su Evangelio (1:1-4), Lucas habla de su método de investigar los hechos y de redactar su historia. La fuente de su información era *las cosas. . . tal como nos la enseñaron los que desde el principio lo vieron con sus ojos, y fueron ministros de la palabra.* (vs. 1-2) Significa que la veracidad de los Evangelios depende de los testigos oculares y de los apóstoles autorizados por el Señor para transmitir la verdad con respecto a su persona y obra. Lucas tuvo la oportunidad de investigar con diligencia todas las cosas desde su origen. Después de haber interrogado a los testigos oculares, escribió una historia ordenada de las cosas. Aunque Lucas no era uno de los doce discípulos, por su investigación cuidadosa y su experiencia de primera mano con los apóstoles, tenemos un relato de mucho valor.

Es interesante que su forma de escribir es muy bien elaborado y muy preciso. Esto es un factor importante en cuanto a su audiencia: parece que, como griego, Lucas escribió para una audiencia griega y romana educada.

B. Su organización

Como los otros Evangelios sinópticos, el Evangelio según Lucas se puede dividir en tres partes principales:
>   I. Los hechos en Galilea: 4:14-9:50
>   II. Los hechos en Judea y Perea: 9:51-19:27
>   III. Los hechos en la última semana en Jerusalén (la pasión y resurrección del Señor): 19:28-24:53

El tercer Evangelio nos presenta las obras y enseñanzas de Jesús que son importantes para entender el camino de salvación. Hay un balance entre narración y enseñanza. Es completo en alcance del nacimiento del Señor hasta su ascensión al cielo. Se puede seguir fácilmente el orden del Evangelio y atrae tanto a los judíos como a los gentiles. Lucas escribe tanto con detalles históricos con sensibilidad.

5. Describamos su método de investigar y redactar su Evangelio.

6. ¿Para quiénes escribió Lucas su Evangelio?

7. ¿Quién es Jesús, según Lucas?

Lección 9

Introducción al Evangelio según Lucas:
Jesús el Hijo del Hombre, segunda parte

Texto: Lucas 5:24 "Pero para que sepáis que el Hijo del Hombre tiene autoridad en la tierra para perdonar pecados, --dijo al paralítico--: A ti te digo: ¡Levántate, toma tu camilla y vete a tu casa!"

Dado que los Evangelios sinópticos nos relatan muchos de los mismos incidentes en la vida de Jesús, esperamos encontrar muchas semejanzas en sus relatos. Si comparamos el Evangelio según Lucas con los otros Evangelios, veremos que en las diferencias encontramos los propósitos y temas peculiares de Lucas.

I. El propósito y los temas del Evangelio
A. Lucas presenta a Jesús como "el Hijo del Hombre". Este título no es limitado al Evangelio según Lucas, pero aquí, enfoca en el Hombre perfecto, quien, aunque siendo Dios, está íntimamente relacionado con toda la raza humana y sus necesidades. Aunque Lucas comienza la historia de Jesús con el judaísmo, no se queda allí. En los primeros dos capítulos, demuestra la continuación del judaísmo y el Antiguo Testamento está en Jesús, y como los otros evangelistas, Lucas relaciona el acontecimiento del advenimiento de Jesús con las promesas y esperanzas de Israel. Podemos ver esto en los cánticos de María (Lucas 1:46-55), de Zacarías (1:67-80), y de Simeón (2:29-32). Pero, no lo deja allí exclusivamente con los judíos: al mismo tiempo destaca que los Jesús vino a ser luz a los gentiles (2:32).

Lucas presenta la genealogía de Jesús (3:23-38) desde Adán, el padre de la raza humana, demostrando que Jesús es el Hijo del Hombre en que se relaciona con toda la humanidad. Recordemos que Mateo presentó el linaje comenzando con Abraham, el padre de la raza judía.

B. Otro rasgo notable del Evangelio según Lucas es el énfasis sobre el hecho de **que el mensaje de Cristo es para todos**. Esto nos parece obvio, pero no les era tan obvio a los primeros cristianos. Pablo en sus cartas nos enseña que el amor de Dios se extiende tanto a los gentiles como a los judíos. Es notable las similitudes con el libro de Los Hechos, en que los seguidores de Jesús no tienen que hacerse judíos para ser cristianos.

Jesús mismo introdujo su propio ministerio destacando esta misión.

1. Leamos Lucas 4:14-21 ¿Qué indicaba la lectura que hizo Jesús en cuanto a su propio ministerio?

En Lucas 4:22-30, el discurso que Jesús hizo en la sinagoga en Nazaret trata de los gentiles, y al oírlo, todos en la sinagoga se llenaron con ira (4:28). Parece que sus propios paisanos no estaban preparados para este tipo de mensaje ni para este tipo de mesías.

También Lucas relata el interés especial de Jesús para los samaritanos, a los cuales los judíos odiaban aún más que a los romanos. Podemos ver este interés en la parábola del buen samaritano (10:25-37) en la cual el que ofreció ayuda no era el sacerdote, ni el levita, sino el samaritano.

Esta preocupación se extiende a otros marginados de la sociedad judía: las mujeres, los tachados "pecadores", y los oprimidos. Elisabeth, la madre de Juan, y María, la madre de Jesús, ocupan lugares prominentes en el primer capítulo y las dos hablan por el Espíritu Santo. Pensemos también en Ana quien dio la bienvenida al Mesías (2:36-38). Sólo Lucas menciona el grupo de mujeres fieles que acompañaban al Señor y le ayudaban materialmente (8:2-3). Sólo Lucas menciona las mujeres que lamentaron sobre Jesús en el camino a la cruz (23:27-28). En el Evangelio según Lucas fueron las mujeres galileas las que recibieron el testimonio de la realidad de la Resurrección (23:55-24:11).

Además, Lucas selecciona y nos presenta muchos de los casos en que el Señor se preocupaba especialmente por los pobres y los oprimidos. Estos pobres y oprimidos incluían los oprimidos por medio del ambiente religioso y social. El Evangelio según Lucas muestra poca simpatía por los ricos. Ejemplos son la parábola del rico insensato (12:13-21); los pobres, mancos, cojos y ciegos de la parábola de la gran cena (14:15-24); la parábola del rico y Lázaro (16:19-31); la viuda oprimida (18:1-8) y la bendición de Zaqueo (19:1-10). Al fin de la historia de Zaqueo, hallamos un texto clave de este Evangelio: *El Hijo del hombre vino para buscar y salvar lo que se había perdido* (19:10). Lucas destaca que la misión de Jesús era buscar a los que estaban perdidos.

2. Leamos Lucas 2:9-20 ¿Quiénes visitaron a Jesús primero al tiempo de su nacimiento, según Lucas?

3. Leamos Lucas 6:20-22 y comparemos estas bienaventuranzas con las de Mateo 5:1-8. ¿Cómo muestra la diferencia en énfasis de Lucas en cuanto a los marginados, los pobres, los oprimidos, etc.?

4. Leamos Lucas 15. ¿Cómo muestra este capítulo este énfasis de Lucas?

5. Leamos Lucas 17:11-19.

➢ *¿Quién fue el único que dio gracias a Jesús?*

➢ *¿Cómo muestra esta historia este énfasis de Lucas?*

6. ¿Cómo es importante para el ministerio de la iglesia el énfasis particular del Evangelio según Lucas en cuanto a los pobres, los oprimidos, los marginados, etc.?

II. Temas espirituales: Aunque el propósito principal del Evangelio y los temas que subrayan a éste es lo más importante, vale la pena mencionar algunos otros énfasis de Lucas.

A. Tiene un énfasis en la oración. Lucas señala diez ocasiones distintas en que el Señor ora, generalmente antes o después de momentos críticos en su ministerio. Por ejemplo, Cristo ora al ser bautizado (3:21) y en la ocasión de su transfiguración (9:29); Jesús enseña a sus discípulos a orar; Lucas relata las siguientes parábolas sobre la oración: la del amigo que persistió en pedir pan (11:5-8), la de la viuda inoportuna (18:1-8), y la de la oración falsa del fariseo comparada con la verdadera del publicano (18:9-14).

B. Hace énfasis en el Espíritu Santo, quien se menciona más frecuentemente que en los otros Evangelios sinópticos. Lucas dice de María, Elisabeth y Simeón que hablaron llenos del Espíritu Santo. Juan decía de Jesús que bautizaría en Espíritu Santo (3:16). Jesús fue probado por el impulso del Espíritu (4:1) y todo su ministerio estaba relacionado con la potencia del Espíritu (4:14-18).

7. *Cada uno reflexione sobre las bendiciones que ha recibido al estudiar el Evangelio según Lucas. Comparten los que así desean.*

Lección 10
Introducción al Evangelio según Juan:
Jesús el Verbo de Dios, primera parte

Texto: Juan.1:1 "En el principio era el Verbo, y el Verbo era con Dios, y el Verbo era Dios."

I. La autoría del Evangelio según Juan
Ya llegando al cuarto Evangelio vemos otra vez que el autor de este Evangelio no se nombra a sí mismo. O sea, todos son obras anónimas. Pero, en este caso, el autor sí se identifica en una forma indirecta. Veamos:

1. Leamos los siguientes versículos y conversemos sobre cómo puede ayudar a identificarlo.

> *Juan 13:23*
> *Juan 21:20-24*

2. ¿Cómo es que autor se identifica en esta lectura?

Desde muy temprano en la historia de la iglesia, se ha reconocido como autor de este Evangelio al apóstol Juan, el discípulo al cual Jesús amaba. Su llamado se relata en *Mateo 4:21-22 (Leámoslo)* y los pasajes sinópticos paralelos.

3. Leamos el siguiente versículo para tener una idea en cuanto a su carácter:

Marcos 3:17 ¿Qué implica esto en cuanto al carácter de estos dos hermanos?

4. Ahora, Leamos Lucas 9:52-54, y expliquen cómo esto confirma lo de la pregunta anterior.

Juan era discípulo y compañero de Jesús y uno del círculo íntimo de los tres. En tres ocasiones Pedro, Juan y Jacobo fueron admitidos a revelaciones del Señor que no recibieron los demás de los apóstoles (Marcos 5:37; Mateo 17:1; Mateo 26:37).

Además de este Evangelio, también se atribuyen al apóstol Juan las tres epístolas que llevan su nombre, y del libro El Apocalipsis.

De su Evangelio es obvio que Juan estaba familiarizado con el judaísmo y el Antiguo Testamento, y al igual que los otros evangelistas, destaca el cumplimiento de este Testamento en la vida y obra de Jesucristo.

II. Características del Evangelio
Los primeros tres Evangelios se llaman sinópticos porque presentan la vida de Jesús en una forma parecida. Al llegar al cuarto Evangelio, nos encontramos con un escrito que es único en sustancia, en estilo y en presentación, que presenta a Jesús en una manera distinta a los otros.

A. La sencillez de estilo del Evangelio se ve en el vocabulario y gramática fácil y no complejo. Por lo general, usa palabras cortas y muy conocidas y unas oraciones breves. La gramática de Juan no se caracteriza por muchas cláusulas complicadas.

B. Pero a la misma vez, expresa una profundidad de conceptos. Usando un estilo sencillo, Juan nos lleva inmediatamente a profundos conceptos. Desde el primer versículo, se puede detectar un enfoque central y claro que se capta fácilmente a través de libro completo. El uso del término "el Verbo" (en griego, *Logos*) para explicar al Hijo encarnado revela un acercamiento más filosófico que los otros evangelistas. Este tono sigue en múltiples discursos en los cuales Jesús habla mucho de su relación con el Padre, y usa muchas alusiones y figuras, aunque no parábolas, para describir su persona, su obra, y su mensaje. Habla de las manifestaciones de Dios y del gran conflicto entre la luz y las tinieblas.

C. Se puede organizar el material de los Evangelios en algunas secciones largas, según las áreas geográficas del ministerio de Jesús y en una parte final que incluye los eventos de la última semana (la Pasión y la Resurrección). El Evangelio según Juan da el siguiente bosquejo:
I. Prólogo: 1:1-18
II. Principios del Ministerio: 1:19-51
III. Ministerio Público: capítulos 2-17
A. Señales y Discursos (2-12)

        B. Discursos Finales (13-17)
      IV. La Pasión y Resurrección: capítulos 18-20
      V. Epílogo: capítulo 21

Además de este bosquejo general, hallamos una estructura más compleja en el Evangelio según Juan, en que presenta a Jesús a través de varias formas literarias, especialmente los discursos, las señales, y las declaraciones *yo soy*. Al descifrar esta estructura, encontramos los propósitos y temas contenidos en él. Estos veremos en la próxima lección.

5. ¿Cómo es el Evangelio según Juan diferente de los otros Evangelios?

Lección 11

Introducción al Evangelio según Juan: Jesús el Verbo de Dios, segunda parte

Texto: Juan 20:31 "Pero estas cosas han sido escritas para que creáis que Jesús es el Cristo, el Hijo de Dios, y para que creyendo tengáis vida en su nombre."

I. Los propósito y temas del Evangelio según Juan.
A. Juan presenta a Jesús como "el Verbo" (en griego, *Logos*).
Desde el primer versículo, encontramos discursos expresadas por varias voces que aportan al propósito y los temas principales. La primera voz que se percibe es la del autor, quien en el capítulo 1:1-14, plantea el propósito y varios temas principales de la obra, testificando a la identidad del Verbo.

Lo identifica con Dios en los versículos 1 y 2. Apela a la misma creación como testigo del Logos en el versículo 3. Comenzando en el versículo 4, identifica al Logos con la vida y la luz; y en los versículos 6 a 8, produce como testigo a Juan el Bautista, a quién le cede la palabra comenzando en 1:15, 1:20 en adelante, y otra vez en 3:27 en adelante.

El autor mismo es el testigo principal, obviamente, en su propio libro. Esto lo declara en el versículo 14, donde declara lo que se llama "La encarnación": Dios hecho carne. Esta manifestación gloriosa y transformador identifica a y testifica acerca del Logos, pero, interesantemente, no lo nombra hasta el versículo 29 cuando un tal Jesús aparece como un transeúnte. Pero no cualquier transeúnte: de una vez, Juan el Bautista lo señala como *"el cordero de Dios que quita el pecado del mundo."* Ya no hay vuelta atrás: Jesús ya está en el centro del escenario, y así sigue.

Jesús también pronuncia discursos, como en su conversación con Nicodemo en el capítulo 3, otros relacionados con distintas señales y declaraciones (vea a continuación), y la serie de discursos a partir del capítulo 13 que llevan al Evangelio a su clímax, en la crucifixión y resurrección.

Otra vez, el uso del término "el Verbo" (en griego, *Logos*) es como atribuir al universo una voz para testificar a la identidad de Jesús. Era un término filosófico conocido entre ambos griegos y judíos. Por un lado, para los griegos este término significaba la palabra oral, pero también la palabra como una idea. Aplicado al universo, llegó a significar la base racional que gobernaba todo. Por otro lado, judíos también usaban esta palabra para referir a Dios. En Juan 1:14, aclara que Dios se hizo uno de nosotros y vivió entre nosotros en la tierra. Al usar la palabra *carne* Juan dice que Dios se hizo humano en todo lo que significaba humano, porque carne es una forma cruda de referir a la humanidad. La palabra *habitó* en griego tiene muchas conexiones con el tabernáculo del Antiguo Testamento. Hemos de recordar que Dios en el Antiguo Testamento habitaba de una forma visible, aunque temporal, entre su pueblo en el tabernáculo, que era el lugar donde el pueblo de Dios se reunía con Él y veía su gloria. Ahora, dice Juan, su presencia entre nosotros se manifiesta en la persona de Jesucristo que también revela la gloria de Dios, lleno de gracia y verdad. En el Evangelio según Juan aprendemos que Jesús revelaba la gloria de Dios y que el mismo era la verdad.

B. Juan expresa su propósito general de forma muy directa al fin de su libro:

> *Hizo además Jesús muchas otras señales en presencia de sus discípulos, las cuales no están escritas en este libro. Pero éstas se han escrito para que creáis que Jesús es el Cristo, el Hijo de Dios, y para que, creyendo, tengáis vida en su nombre.* (20:30-31)

Estas palabras expresan específicamente la finalidad de este Evangelio, pero podemos aplicar estas palabras también a los otros Evangelios. Juan está consciente de haber seleccionado entre todas las señales y habernos presentado a tales para que los lectores, incluyendo a nosotros hoy en día, podamos creer en Jesús y en Él tener la vida eterna.

1. ¿Qué significa "logos" en cuanto a la identidad de Jesús?

2. ¿Cuál es el propósito general que el autor de este Evangelio expresa?

C. Entre los capítulos 2 y 11, hay una serie de siete señales y discursos que las acompañan. En la Biblia se usan tres palabras para milagros, que pueden traducirse como *obras, prodigios, y señales*. Juan se limita al último término y sólo se interesa en siete señales realizadas antes de la cruz. Los Evangelios sinópticos ya habían dado abundante testimonio en cuanto al ministerio de las poderosas obras del Señor, de modo que Juan selecciona algunas señales para mostrar su propósito. Es interesante notar que cinco de estas siete señales son peculiares al Evangelio según Juan.

Para Juan, lo importante no es la obra milagrosa en sí, sino lo que señala o revela. Estudiemos las señales en el Evangelio según Juan, para descubrir su significado.
Señal #1: Juan 2:1-11: La señal es el agua convertida en vino. Significa la «gloria» de Jesús con el fin de que sus discípulos creyeran en él (2:11). El vino también tiene un significado importante en la cultura judía, como señal de la abundancia de Dios.

Señal #2: Juan 4:46-54: La señal es la curación del hijo del noble. Significa el poder sanador de Jesús, ejercido a distancia, e ilustra la eficacia de la fe.

2. Leamos los siguientes pasajes de Juan. Siguiendo los ejemplos arriba, identifiquemos la «señal» y lo que significa.

➤ *Señal #3. Juan 5:1-18 ¿Cuál es la señal? ¿Qué significa?*
➤ *Señal #4. Juan 6:1-14 ¿Cuál es la señal? ¿Qué significa?*
➤ *Señal #5. Juan 6:16-21 ¿Cuál es la señal? ¿Qué significa?*

Las otras dos señales son la curación del ciego en capítulo 9 y la resurrección de Lázaro en el capítulo 11.

D. Las declaraciones *Yo soy:* Otro rasgo importante de este Evangelio es que Juan emplea una serie de siete declaraciones para describir a Jesús. Todas las declaraciones son palabras del Señor para describirse a sí mismo y llevan la misma forma. Son las famosas *Yo Soy* frases que identifican aspectos importantes de la persona y obra de Jesús.

3. *Completemos el siguiente ejercicio para saber cuáles son las siete declaraciones:*

>   ➤   *6:35 «Yo soy_____*

>   ➤   *8:12 y 9:5 «Yo soy_____*

>   ➤   *10:7 «Yo soy_____*

>   ➤   *10:11 «Yo soy_____*

>   ➤   *11:25 «Yo soy_____*

>   ➤   *14:6 «Yo soy_____*

>   ➤   *15:1 «Yo soy_____*

4. *Escojan una de las siete declaraciones y explique en sus propias palabras lo que significa.*

5. *¿Cuál es la bendición que recibimos de la presentación de Jesús en este Evangelio?*

En las lecciones 12 en adelante, se estudia la vida de Jesús como es reportado en los cuatro Evangelios. Se desarrolla el plan de lecciones en una forma principalmente cronológica, siguiendo el orden que presentan los tres Evangelios sinópticos. También hay lecciones organizadas alrededor de los temas importantes de las enseñanzas de Jesús y sus acciones, y los elementos importantes del Evangelio según Juan.

Lección 12
Jesús fue profetizado, anticipado, y anunciado

Texto: Isaías 9:6 "Porque un niño nos es nacido, un hijo nos es dado, y el dominio estará sobre su hombro. Se llamará su nombre: Admirable Consejero, Dios Fuerte, Padre Eterno, Príncipe de Paz."

Cada uno de los cuatro Evangelios revelan la anticipación y preparación que hubo para el adviento de Jesús.

> ➤ Mateo inicia su obra con una genealogía que identifica a Jesús como el hijo de Abraham, el patriarca de la nación judía, y también como el hijo de David, su rey más célebre.
> ➤ Marcos hace énfasis en la preparación que Dios hizo a través de Juan el Bautista.
> ➤ Lucas usa esas dos mismas formas para demostrar la importancia de la venida de Jesús.
> ➤ Juan presenta a Jesús como el *"Logos"* eterno que venía al mundo.

Todos apelan a citas de los profetas del Antiguo Testamento que hacían referencia a la venida de un "ungido" (Mesías en el hebreo, Cristo en el griego), un profeta, y un salvador, que inauguraría el reino de Dios, su juicio, y su salvación. Algunos autores han identificado a más de 400 referencias en el Antiguo Testamento a tal suceso. Todo esto indica que la venida de Jesús fue profetizada desde la antigüedad, y anticipado por su pueblo.

1. Busquen los siguientes versículos del Antiguo Testamento, y hablemos sobre cómo profetizan y/o anticipan la venida de Jesús.
> ➤ *Isaías 7:14*
> ➤ *Isaías 9:6 y 7*
> ➤ *Miqueas 5:2*

2. Busquen los siguientes versículos en los Evangelios, y conversemos sobre cómo era anticipada la venida de un mesías y/o profeta.
> ➤ *Mateo 11:2 y 3*
> ➤ *Lucas 7:14 a 16*
> ➤ *Juan 6:14 y 7:40*

También encontramos en Mateo y Lucas que la venida de Jesús fue anunciada antes de su nacimiento. Busquen los siguientes pasajes y responden a las preguntas. Si quieren, pueden apuntar las respuestas en las casillas.

Preguntas	Mateo 1:18-24	Lucas 1:26-38
3. ¿A quién fue dado el anuncio?		
4. ¿Quién trajo el mensaje?		
5. ¿Cuándo fue dado el anuncio, relativo al embarazo de María?		
6. ¿Quién debía nombrar a Jesús?		
7. ¿Por qué debían llamarlo así?		
Preguntas	Mateo 1:18-24	Lucas 1:26-38
8. ¿Cuál profecía se citó?		
9. ¿Cuál(es) otro(s) nombre(s) se le darían?		
10. ¿Qué más dice el ángel de Jesús?		

Esta comparación nos ayuda a tener una vista más amplia a la forma en que Dios preparó el camino para Jesús. Vemos que preparó a sus padres con estos anuncios.

11. ¿Cómo piensas que María se sintió con lo que el ángel Gabriel le dijo?

2. A base de su reacción al anuncio del ángel, ¿qué podemos decir del carácter de José?

Lección 13
Jesús, el mejor regalo, primera parte

Lectura: Mateo 2:1-11

Texto: Mateo 2:4 "Y habiendo convocado a todos los principales sacerdotes y a los escribas del pueblo, les preguntó dónde había de nacer el Cristo."

La navidad se relaciona con los regalos. Las familias intercambian regalos, las empresas entregan la "regalía" a sus empleados, los compañeros de trabajo y de curso regalan los "angelitos", y así por el estilo. También abundan las celebraciones y fiestas de clubes, entre amigos, empresas, iglesias, comunidades, etc., en los cuales abundan la comida, bebida, decoraciones, reconocimientos, agradecimientos y también se entregan regalos y premios. Durante el mes de diciembre, la compra de regalos y los eventos sociales de todo tipo vienen siendo un afán tan grande que las tiendas, las calles, los hoteles, los restaurantes, y otros lugares públicos se congestionan tanto que apenas uno puede encontrar un espacio donde desplazarse. Todo por el motivo festivo y por los regalos.

Es muy lindo ver como los seres humanos tenemos la capacidad de dejar al lado, aunque sea por unos días, nuestro insaciable deseo por tener "cosas", y pensar mejor en cuáles cosas desean los demás. ¿A qué se debe este cambio, este afán de regalar, de dar en vez de recibir? No es que no se recibe, pues, todos los regalos se reciben. Pero, ¿qué fue que convirtió esta estación en una de regalos? Es el nacimiento de Jesús y el ejemplo de los reyes magos que motivan este espíritu porque Jesús mismo fue, y sigue siendo, el mejor regalo de Dios al mundo.

1. Leamos 2 Corintios 9:15. ¿Cuál es ese don inefable? O, mejor dicho, ¿quién? ¿En qué sentido es "inefable"?

2. Leamos también Juan 3:16 y expliquen lo que Dios dio al mundo. ¿Cómo es Jesús el mejor regalo dado al mundo?

Segundo, los reyes magos trajeron regalos a Jesús en reconocimiento de su majestad.

Leamos Mateo 2:11.
3. Cuáles fueron los regalos de los magos? Describan cada uno.

4. ¿Por qué estos regalos? y ¿para qué?

5. ¿Tenían un propósito o significado especial?

6. ¿Cuánto podían costar estos regalos? Investíguenlo usando una Biblia de Estudio, o en la internet.

Debemos recordar que la tradición de intercambiar regalos en la navidad vino en parte del hecho de los regalos de los magos.

Leamos Mateo 2:12-23. La visita de los magos no trajo solo regalos, también ocasionó una situación difícil para la joven familia. Ellos ya se habían desplazado más de 150 kilómetros de Nazaret en Galilea hasta Belén en Judea, con la joven María al punto de alumbrarse. Ahora, se veían obligados a refugiarse en otro país, viajando más de 500 kilómetros con un bebé recién nacido. El siguiente mapa indica la ruta y la distancia que viajaron.

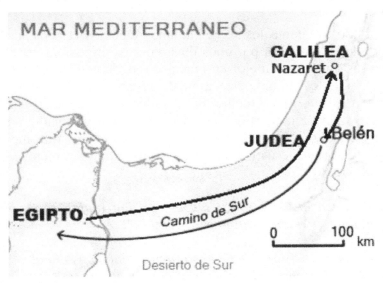

7. ¿Cuál fue el peligro principal provocado por la visita de los magos? (vean los versículos 13 y 16)

8. ¿Cuáles otras dificultades, inquietudes, hasta dudas pudieran haber tenido debido a esta situación

9. ¿También tuvieran alguna dificultad económica?

Tal vez, José y María venían cuestionando si, después de todo, valió la pena la visita de los magos.

Pero, a pesar de todo, vemos que Dios los guio y protegió en todo. También encontramos una obediencia y una entrega totales de parte de José y María, quienes fueron dispuestos a hacer todo lo que Dios les ordenaba, y hacer todo lo necesario para este bebé tan especial.

10. Leamos los siguientes versículos y alguien diga cómo Dios proveyó, protegió, y estuvo con ellos, y cómo José y María respondieron en cada caso.
> *Mateo 2:11*

> *Mateo 2:12*

> *Mateo 2:13*

> *Mateo 2:19-20*

> *Mateo 2:22-23*

Lección 14
Jesús, el mejor regalo, segunda parte

Lectura: Lucas 2:1-40

Texto: Lucas 2:38 "En la misma hora acudió al templo y daba gracias a Dios, y hablaba del niño a todos los que esperaban la redención en Jerusalén."

Encontramos que Lucas narra sucesos distintos a los que narra Mateo. Por ejemplo, encontramos que ambos indican que Jesús nació en Belén de Judea. Pero, Mateo no narra el viaje desde Galilea a Belén, sino, reporta sencillamente que la pareja vivía allí, y Jesús nació allí. (Leamos Mateo 2:8 a 11).

Lucas explica por qué estuvieron en Belén (Leamos Lucas 2:1 a 5).

1. Leamos Lucas 2:7 e indican cuáles otros detalles Lucas relata que Mateo no incluye.

2. Dado que Lucas utiliza como fuente de información a testigos oculares, ¿quién pudo haber sido su testigo para los eventos en la lectura de hoy? (Lucas 1:2)

Leamos otra vez Lucas 2:8 a 20 y contestemos las siguientes preguntas:
3. ¿Cómo se presentó el ángel a los pastores? O sea, ¿qué acompañó al ángel?

4. ¿Por qué piensan que tuvieron miedo y sorpresa?

5. ¿Qué fue la primera cosa que el ángel les dijo?

6. ¿Por qué lo que anunciaron eran "buenas nuevas de gran gozo" para los pastores?

7. ¿Por qué iban a ser "buenas nuevas de gran gozo" para todo el pueblo?

8. ¿Qué en el anuncio iba a ser difícil de entender o creer? (vean las instrucciones en el versículo 12)

9. *Según el versículo 15, ¿entendieron los pastores el mensaje?*

10. *¿Por qué era importante que este anuncio fue dado a pastores?*

Ahora Leamos otra vez Lucas 2:21 a 40, y contestemos las siguientes preguntas:
11. *¿Cuáles son los sucesos que se están reportando en los versículos 21 y 22? ¿Son el mismo evento, o son dos?*

12. *¿Qué es que se hizo en el versículo 21? Busquen Levítico 12:3 para confirmar.*

13. *¿Dónde lo hicieron? Busquen Levítico 12:4 para confirmar dónde <u>no</u> lo hicieron.*

14. *¿Qué significa la circuncisión? Leamos Génesis 17:1 a 14 para ver la importancia de este hecho.*

15. *¿Qué significa el nombre de Jesús? ¿Por qué lo llamaron así? Leamos Lucas 1:31.*

16. *¿Cuándo hubieron hecho lo relatado en los vss. 22 a 24? Busquen Levítico 12:4.3 2 a 8 para poder aclarar los sucesos allí.*

17. *¿Dónde hicieron lo relatado en los vss. 22 a 24? Busquen Levítico 12:6 para confirmar.*

18. *¿Qué demuestra estos sucesos, en cuanto a la obediencia y cumplimiento de la ley de los padres de Jesús?*

9. *Analicen las palabras habladas por Simeón en los vss. 29 a 35. Mencionen algunos de los temas y puntos. ¿Qué importancia tenían estas palabras la María y también para Jesús mismo?*

19. *Aunque no se registran las palabras habladas por Ana, conversemos sobre la importancia de ella en esta historia.*

Lección 15
Jesús como niño

Lucas 2:41-52

Lucas 2:46 "Aconteció que después de tres días, le encontraron en el templo, sentado en medio de los maestros, escuchándoles y haciéndoles preguntas."

Esta historia es la única en toda la Biblia sobre la niñez de Jesús. Hay muchas otras historias fuera de la Biblia, pero la mayoría plantean sucesos fantásticos o extraños que realmente no caben dentro del retrato de Jesús que los Evangelios nos da.

Como la gran mayoría de judíos en la tierra de Judea y Galilea, cada año Jesús junto con su familia y amigos peregrinaban a Jerusalén para celebrar la pascua. Nuestra lectura narra uno de estos viajes y un sorprendente y revelador suceso, cuando Jesús tenía 12 años. Esta historia revela algo importante de la identidad de Jesús y su propia auto-apreciación.

:

1. ¿Quiénes fueron a Jerusalén? (vean el versículo 41)

2. ¿Por qué fueron?

3. ¿Qué nos indica esto en cuanto a su vida familiar?

4. ¿Qué habrían pensado José y María durante los tres días en que no supieron de Jesús?

No me imagino el pánico de sus padres durante los tres días que no sabían dónde estaba. Pero, también me pregunto, ¿de qué hablaron?

Lo que sigue es una posible conversación que tuviera lugar en el templo. Asignemos a cuatro personas para leer los distintos personajes: Jesús, un maestro, y dos sacerdotes ancianos. Ahora, cada uno lea su parte correspondiente para así dramatizar el escenario.

Jesús: "¿Es cierto que el Mesías nacerá en Belén de Judá?"

Maestro: "Sí joven, todo buen judío sabe que eso está escrito en Miqueas 5:2 *"Pero tú, Belén Efrata, tan pequeña entre las familias de Judá, de ti ha de salir el que será Señor en Israel..."*

Jesús: "¿Pero no se dice también que el Mesías será llamado de Egipto?"

Maestro: "¡Muchacho tonto! ¿No te acabo de decir que vendrá de Belén? ¿Cómo puede venir de 2 lugares a la vez?"

Un sacerdote anciano: "¡Un momento! Creo recordar algo. Me parece que el muchacho tiene razón... Sí, en el libro de Oseas 11:1 dice: *"... y de Egipto llamé a mi hijo."* (Todos estaban atónitos)

Jesús: "¿Qué tal si el Mesías nace, como dijo el profeta en Belén, pero después por alguna razón debe partir a Egipto para después de un tiempo regresar? ¿Podría ser esta la explicación para estas dos escrituras?" (Todos se admiraron de su respuesta)

Jesús: "Saben, creo también haber escuchado en mi sinagoga en Nazaret que el Mesías sería llamado Nazareno, ¿es eso cierto?"

Maestro: "¡Ahora sí que estás equivocado jovencito! ¿Qué cosa buena puede salir de Nazaret?" (Todos ríen a una)

Otro sacerdote anciano: "¡A callar con esas risas! El joven puede estar en lo cierto... de los profetas el dicho: *"¡Será llamado nazareno!"*

Jesús piensa para sí: "Entonces; el Mesías tiene que nacer en Belén, ir a vivir a Egipto, y después volver y establecerse en Nazaret. Me suena muy familiar..."

"Y todos los que le oían se maravillaban de su inteligencia y de sus respuestas." – Lucas 2:47.

5. Leamos los siguientes versículos y comenten sobre cómo Jesús hubiera crecido en cuanto a su propia identidad.

> ➤ *Lucas 2:40*
> ➤ *Lucas 2:51 y 52*

Conversemos sobre las siguientes preguntas, a base de nuestra lectura:

6. ¿Ya sabía Jesús que él era el mesías?

7. ¿Jesús tuvo que ir aprendiendo como todos los seres humanos lo hacemos, o ya sabía todas las cosas, igual como Dios las sabe?

8. ¿Actuaba y se sentía Jesús de una manera de un niño completamente normal, o tenía algo diferente?

9. ¿En cuáles áreas crees que Jesús necesitó desarrollarse?

10. ¿Qué habría descubierto Jesús durante sus tres días en el templo?

11. ¿Cómo crees que su descubrimiento le hizo sentir? Recuerda que tenía 12 años.

12. ¿Cuándo habría descubierto que José no era su verdadero padre?

13. ¿Qué quiso Jesús decir al hablar de "los asuntos de mi padre"?

Lección 16
Dios prepara el camino para Jesús por medio de Juan el Bautista

Lectura: Lucas 3:1-20

Texto. Lucas 3:9 "**También el hacha ya está puesta a la raíz de los árboles. Por lo tanto, todo árbol que no da buen fruto es cortado y echado al fuego.**"

En esta lectura, Juan se presenta como mensajero que vino para preparar el camino para la salvación de Dios. Era también un profeta al estilo de los profetas del Antiguo Testamento en que iba en contra de la corriente de la religión establecida porque criticaba y desafiaba a los líderes religiosos por la forma que habían desviado de los propósitos de Dios. Y todo esto apuntaba hacia Jesús, ese nuevo camino, esa nueva forma de ver al mundo, de vivir en el mundo, y de vivir por y para Dios. Era algo radical.

Aunque hay continuidad entre el Antiguo y el Nuevo Testamentos, no es que son ni directamente ni automáticamente una continuación lineal. Hay influencias, movimientos, elementos, prácticas desarrolladas alrededor del contexto y texto del Antiguo que influyen y contribuyen a lo que encontramos en el Nuevo. Además, hay un poderoso desplazamiento en mucho de lo que el Antiguo Testamento tiene, al momento de llegar Jesucristo. El Nuevo Testamento no es simplemente, "más de lo mismo". Hay algo nuevo, MUY nuevo, construido encima de, dentro de, a base de, pero, es nuevo. Juan el bautista es el mejor ejemplo de esto.

El mensaje de Juan era la continuación del mensaje profético del Antiguo Testamento que siempre chocaba con el sistema religioso y sacrificial. Como los profetas de la antigüedad, Juan operaba fuera del sistema religioso, fuera de Jerusalén, fuera del templo. No era apreciado ni aceptado por el sistema religioso centrado en el templo. Juan era un radical, un independiente, un elemento incontrolable para el sistema religioso establecido. Por eso, salieron de Jerusalén muchos fariseos y saduceos para verlo, y Juan les regañaba fuertemente con las palabras. Vean Mateo 3:7-10, donde el pronuncia, *"¡Generación de víboras! ¿Quién os enseñó a huir de la ira venidera? Producid, pues, frutos dignos de arrepentimiento; y no penséis decir dentro de vosotros: 'A Abraham tenemos por padre.' Porque yo os digo que aun de estas piedras Dios puede levantar hijos a Abraham. El hacha ya está puesta a la raíz de los árboles. Por tanto, todo árbol que no da buen fruto es cortado y echado al fuego."*

Estas palabras representaron un enfrentamiento directo, que ellos entendieron perfectamente. Y era palabras con base en los profetas del Antiguo Testamento.

Comparen las palabras de Juan con varias profecías del Antiguo Testamento, y apunten las similitudes y los significados para los oyentes de Juan.

Palabras de Juan	Profecías del Antiguo Test.	Similitudes y significados:
Lucas 3:7	Isaías 10:2 a 4	1.
Lucas 3:9	Jeremías 22:7	2.
Lucas 3:16 y 17	Joel 2:28-30	3.
Lucas 3:17	Isaías 5:24	4.

5. Busquemos y leamos los siguientes versículos y comenten sobre qué significaban para la nación de Israel en aquel tiempo.
  ➢ *Jeremías 12:17*
  ➢ *Malaquías 4:1*

Hablaba Juan de un cambio abrupto que venía, y los judíos sabían exactamente lo que eso quería decir, el gran día del Señor, de juicio. Y los líderes judíos entendían claramente que Juan decía que el juicio iba ser sobre ellos. Esto no les caía bien. La voz profética era chocante y molestaba a los que estaban en la posición de poder y control. Por eso, el mensaje y el bautismo que efectuaba Juan operaba fuera de la cobertura, la estructura, la autoridad del sistema religioso establecido, se consideraba como algo subversivo, de rebelión contra la estructura religioso/político. Los líderes religiosos no aceptaron a Juan. Lo dejaron ser encarcelado, y matado. No le dieron cobertura.

6. Conversemos sobre qué significaban para los líderes religiosos al oír las palabras de Juan el bautista.

Pero Juan estaba claro en cuanto a su llamado: era para preparar el camino para la llegada de él quien iba a inaugurar el Reino de Dios.

Leamos los siguientes pasajes y conversemos sobre cómo Juan estaba preparando el camino para Jesús.
   7. *Lucas 3:16*

   8. *Juan 1:6 y 7*

   9. *Juan 1:17 a 27*

   10. *Juan 3:28 y 29*

   11. *Juan 3:30*

Lección 17
Dios prepara a Jesús para su ministerio con su bautismo, primera parte

Lectura: Mateo 3:13-17

Texto: Mateo 3:13 "Entonces Jesús vino de Galilea al Jordán, a Juan, para ser bautizado por él."

Todo lo que vale la pena requiere algo de preparación. Las cosas buenas no se arrancan por si solas. Por ejemplo, cuando dos personas se enamoran, siempre hay una etapa de preparación antes de que se casan. También, cuando Dios llama a una persona a un ministerio, sea el pastoreado, como evangelista, o para dar clases, esa persona tiene que ser preparado para tal obra.

Igual con Jesús. Ya vimos que Dios vino preparando el camino para Jesús llegar al mundo mucho antes de su nacimiento. También en su nacimiento y su niñez, Dios preparó las circunstancias y le hizo pasar por varios procesos importantes. Ya siendo adulto, también Dios preparó su camino por medio de Juan el Bautista. Además, Dios preparó a Jesús mismo antes de que se lanzara a la calle a predicar, sanar, etc.

El bautismo de Jesús por Juan el Bautista fue parte de la preparación que Dios dio a Jesús para iniciar su ministerio. Por un lado, fue un evento sensacional y público en que Jesús se identificó con Juan y su ministerio, y también identificó a Jesús mismo como una figura pública. Por otro lado, fue una confirmación de Dios a Jesús de que era el Hijo de Dios.

La forma que los cuatro Evangelios tratan este suceso nos da una buena oportunidad para comparar sus contenidos, estilos, temas, y enfoques. Para descubrir el contenido de los Evangelios, vamos a hacer un estudio detallado y comparativo de ellos. Busquemos los siguientes pasajes relacionados a este evento y respondemos a las preguntas para cada relato. Asegurémonos de leer cuidadosamente cada relato y determinar la respuesta exacta a cada pregunta. Así, se va a apreciar los detalles y cómo los reporta cada autor. Si quiere, pueden apuntar las respuestas en las casillas.

Preguntas ↓	Mateo 3:13-17	Marcos 1:9-11	Lucas 3:21-22	Juan 1:32-34
1. ¿De dónde vino Jesús para ser bautizado?				
2. ¿Por quién fue bautizado?				
3. ¿Cuál fue la reacción de Juan?				
4. ¿Cuál fue la respuesta de Jesús?				
5. ¿Qué ocurrió en el cielo?				

Preguntas ↓	Mateo 3:13-17	Marcos 1:9-11	Lucas 3:21-22	Juan 1:32-34
6. ¿Cuándo descendió el Espíritu?				
7. ¿Cómo descendió el Espíritu?				
8. ¿Quién vio el Espíritu descender?				
9. ¿Qué hizo el Espíritu / la paloma?				
10. ¿Qué dijo la voz del cielo?				
11. A considerar las formas gramaticales, ¿a quién se dirigió la voz?				

Con este ejercicio, observamos que hay mucho en común. También, apreciamos que cada evangelista aporta algunos datos distintos al tema. Por un lado, los relatos de los tres Evangelios sinópticos son bastante parecidos, aunque con leves diferencias. Pero en el caso del Evangelio según Juan, es muy diferente.

Conversemos sobre las similitudes y las diferencias entre los relatos. Usen las siguientes preguntas para encaminar la conversación.

12. ¿A qué se deben las diferencias entre los relatos?

13. ¿Qué podemos concluir por las similitudes?

14. ¿En qué manera difiere el relato del Evangelio según Juan?

15. ¿Relata directamente el bautismo el Evangelio según Juan?

16. ¿Cuál detalle reportado en el Evangelio según Juan refiere al bautismo de Jesús, aunque no lo relata directamente?

Lección 18

Dios prepara a Jesús para su ministerio con su bautismo, segunda parte

Lectura: Mateo 3:13-15

Texto: Mateo 3:15 "Pero Jesús le respondió: --Permítelo por ahora, porque así nos conviene cumplir toda justicia. Entonces se lo permitió."

Al ser bautizado por Juan, **Jesús se identificó con Juan, su ministerio, y su mensaje**.

Muchas veces, hemos quedados satisfechos explicar el bautismo de Jesús en términos de un simple rito, como algo que Jesús tenía que cumplir, y punto. El mismo Jesús explicó a Juan el Bautista en Mateo 3:15 que era *"para cumplir toda justicia"*. Pero, ¿cómo cumple toda justicia? ¿Qué significa esto? Si no profundizamos el mensaje de Juan el bautista, su propósito y su llamado, nunca podremos dar una explicación que sea adecuada sobre el motivo por el cual Jesús tuvo que bautizarse. Nunca llegamos a definir en qué sentido este bautismo cumple con toda justicia.

Algunas dirían que, como Jesús vino a cumplir la ley, tuvo que bautizarse, y esa es la justica de la cual Jesús habla. Pero, ¿era el bautismo una ley del Antiguo Testamento? Si busquemos en todo el Antiguo Testamento, no encontraremos el bautismo como una ley. Ni se menciona allí.

Esto nos lleva a indagar sobre el origen y el significado del bautismo en general, y por eso, sí, tenemos que buscar en el Antiguo Testamento. Pero, debemos tener cuidado de la "ingeniería al revés" en el estudio de la Biblia y en la teología.

En la tecnología, la ingeniería al revés es tomar un artículo o dispositivo ya elaborado, y tratar de volver a desarrollarlo por sus partes. Es lo que hacen compañías de competencia: cuando por ejemplo la compañía Apple saca un nuevo producto al mercado, inmediatamente otras compañías lo compran, lo llevan a sus laboratorios, lo desarman, y tratan de copiar los elementos y componentes para que puedan luego fabricar un producto competitivo, pero falsificado.

A veces queremos tomar algo que escuchamos en la iglesia, o una idea que circula en nuestro medio evangélico /cristiano del siglo 21, incluso, tradiciones y prácticas culturales nuestros, y volver a la Biblia a sostenerlo con textos de prueba. En este caso, si decimos que "Jesús tenía que bautizarse para cumplir la ley", eso es "ingeniería al revés", porque el bautismo no era una ley para él, aunque es una ordenanza para nosotros.

Una pregunta legítima puede ser, si hay antecedentes del bautismo en el Antiguo Testamento, para saber de dónde vino y cuál es su base teológica. Y, hay. Encontraremos que lavar con agua era una forma de cumplir con los reglamentos de limpieza ceremonial, por ejemplo, en cuanto al tabernáculo, era necesario que todos que entraban por los atrios, y los sacerdotes que entraban en el lugar santo y santísimo, se lavaran los pies y las manos primero. Otras leyes tienen que ver con limpiarse después de estar contaminado con algo impuro, y era con "agua viva", o agua que corre.

Ya en el tiempo de Jesús, los judíos estaban bien acostumbrados con el uso de agua para lavamientos ceremoniales. Por ejemplo, en Juan 2 vemos que, en un lugar en un pueblo pequeño en Galilea, Cana, se guardaban seis tinajas grandes de agua "de acuerdo con los ritos de los judíos para la purificación." (vs. 6) Era algo común. Y el bautismo que Juan practicaba se desarrolló a partir de estas prácticas, pero Jesús no tenía que bautizarse para cumplir la ley. Sí, Jesús vino para cumplir toda la ley. Pero bautizarse no era una ley.

Y aún más, el mensaje y el significado del bautismo de Juan tenía un significado en referencia al arrepentimiento y el perdón de los pecados, la santidad y la transformación.

Leamos el texto al respeto: Lucas 3:3 y 10-14. Allí Juan pronuncia un llamado al arrepentimiento radical.

Pero en este sentido, tampoco tenía Jesús que bautizarse porque no tenía que arrepentirse de nada. En Mateo 3:14 Juan lo dice: "Yo necesito ser bautizado por ti, y ¿tu vienes a mí?" Juan mismo sabía que él mismo tenía cosas de las cuales debía arrepentirse, y que Jesús no tenía esta necesidad.

Tampoco nos podríamos conformar con una explicación simplista, tomando "toda justicia" a significar "obediencia". Hasta allí, no está mal. Pero, la obediencia siempre es con un propósito, no solo para obligarnos a obedecer, "porque sí". La obediencia ciega no es beneficiosa, tampoco es el estilo cristiano. Siempre hay un motivo, un propósito, un por qué, y una explicación detrás de la obediencia.

¿Por qué tenía Jesús que bautizarse, entonces?

En la penúltima lección, vimos que Juan fue presentado como mensajero de un nuevo camino: *He aquí envío mi mensajero delante de ti, quien preparará tu camino. Voz del que proclama en el desierto: "Preparad el camino del Señor; enderezad sus sendas."* (Marcos 1:2 y 3). Era también un profeta al estilo de los profetas del Antiguo Testamento en que iba en contra de la corriente de la religión establecida porque criticaba y desafiaba a los líderes religiosos por la forma que habían desviado de los propósitos de Dios. Y todo esto apuntaba hacia Jesús, ese nuevo camino, esa nueva forma de ver al mundo, de vivir en el mundo, y de vivir por y para Dios. Era algo radical.

Al entender el mensaje de Juan y como operaba, vemos porque Jesús fue para ser bautizado por él. Al aceptar ser bautizado por Juan, Jesús se identificó con Juan y su mensaje, que es el mensaje profético del Antiguo Testamento, en contra del sistema religioso y sacrificial; y a la vez una declaración de solidaridad con Juan. Fue un acto subversivo, de rebelión contra la estructura religioso/político que era corrupto e injusto.

¿Cómo sabemos que Jesús de identificaba con el ministerio y el mensaje de Juan el bautista? Solo hay que leer esto siguientes pasajes para verlo.

Palabras de Juan	Palabras de Jesús	Similitudes y significados:
Mateo 3:1 y 2	Mateo 4:17	1.
Mateo 3:7	Mateo 12:34	2.
Mateo 3:9	Juan 8:39	3.
Mateo 3:10	Mateo 7:19	4.
Mateo 3:11	Hechos 1:5	5.
Mateo 3:12	Mateo 13:30	6.

7. Conversemos sobre las similitudes. ¿Sería coincidencia? O, ¿fue algo más?

Sabemos que ser radical, ser subversivo, y estar en rebelión en contra de los sistemas de injusticia tiene consecuencias.

8. Leamos los siguientes pasajes y conversemos sobre las consecuencias del mensaje que Juan predicó, y también que Jesús predicó.

➢ **Lucas 3:19-20**

➢ **Marcos 6:17-29**

➢ **Mateo 17:22 y 23**

Sabemos bien lo que pasó a Juan. Jesús también lo sabía. Pero esto no lo detuvo. Fue bautizado por Juan, y así se sumó al ministerio de Juan como un radical, un subversivo, y un rebelde, en contra de todo lo iba contrario al Reino de Dios.

¿Formas parte de este movimiento? Si has sido bautizado, ya lo eres. Nos identificamos públicamente con Jesús, su mensaje, y movimiento. Si no lo has hecho, lo puedes hacer. Y, al identificarse con él, nos estamos sumando a este movimiento radical del Reino de Dios. Esto, sí, es una revolución. Nos unamos a ella.

Lección 19
Dios prepara a Jesús para su ministerio con su bautismo, tercera parte

Texto: Marcos 1:10 "Y en seguida, mientras subía del agua, vio que los cielos se abrían y que el Espíritu descendía sobre él como paloma."

Dos señales
Hubo dos acontecimientos juntos al bautismo en los cuales Dios mismo confirmó a Jesús.

1. Leamos Marcos 1:10 y 11 e identifiquen las dos señales, además del bautismo mismo, que Dios dio a Jesús, una visible y la otra audible, que demuestran su confirmación.

➢ *Señal visible:* _____

➢ *Señal audible:* _____

:
2. ¿Para quién o para quiénes fueron dadas estas dos señales?

3. ¿Quién vio al Espíritu descender? Compare Mateo 3:16 con Juan 1:32.

4. ¿A quién fueron dirigidas las palabras del cielo? Leamos Marcos 1:11 de nuevo y consideren la forma del verbo, "...eres..."

6. Lea Juan 1:32 a 34: ¿Cuál era el efecto de esto a Juan?

6. ¿Qué significaban estas dos señales para Jesús?

¿No es cierto que nuestra mayor decepción a veces es con nosotros mismos? Cuando fracasamos en algún esfuerzo o intento, sea en un negocio o una relación, o simplemente en un turno al bate, es fácil sentirse enojado con otros, echar la culpa a las circunstancias, o criticar y pelear con todo el mundo. Pero, una de las reacciones más comunes es enojarnos con nosotros mismos, echarnos la culpa, o ser súper críticos con nosotros mismos.

Eso es natural, pero es triste también, porque muchas veces resulta en auto-rechazo. Tal vez, porque ha sido rechazados por otros, a veces aun por nuestros padres o nuestras familias, quienes nos han dicho, *"¡Tú no sirves para nada!"* Es muy triste cuando están pronunciadas estas palabras abiertamente, especialmente cuando son dirigidas a un niño de temprana edad, pues, muchas veces ellos toman estas denuncias como la verdad y viven su vida conforme a esta condena, aunque no sea la verdad. Nunca se deben decir estas palabras, a nadie. Porque no es verdad. Nadie no sirve para nada.

Pero, todos los hemos vivido. Tal vez porque no éramos tan hábiles en nuestro turno al bate. O porque no teníamos la ropa más de moda, o porque nuestras notas siguieron bajitas, o no teníamos la carita bonita del grupo. Cualquiera que sea el motivo, todos hemos vivido alguna frustración, un rechazo, o un fracaso que nos ha causado, aunque sea un momento de auto-decepción. Tristemente, hay muchas personas que viven bajo este tipo de pensamiento de forma continua.

Como cristianos, entendemos que hay un nivel saludable de reconocimiento de nuestro propio pecado, cuando el Espíritu Santo nos convence de él, y nos lleva al arrepentimiento. Pero, aun en la iglesia, a veces hay expectativas exageradas en cuanto al comportamiento y de espiritualidad, que, en vez de impulsarnos hacia Cristo, hacia una mayor santidad, y hacia un sano crecimiento espiritual, sirve solamente para una frustración y estancamiento espiritual. Cristo no vino para esto. Cristo tampoco presenta un ejemplo de esto. A lo contrario, lo que encontramos en la vida de Jesucristo es una profunda confirmación y aceptación, que sirve para estimularnos hacia una relación de mayor intimidad. Y todo comienza con la declaración que hace el Padre a Jesús: *"Tu eres mi hijo amado. En ti tengo complacencia."*.

Estas palabras expresadas a Jesús cuando salió de las aguas del bautismo le prepararon, le confirmaron, y le aseguraron para el camino que tenía adelante. Fueron dirigidas a Jesús. Otras personas, seguramente, vieron al Espíritu descender, pues, por lo menos Juan lo vio, y esto sirvió como confirmación de quién era Jesús, y le motivó a dar testimonio en cuanto a su identidad como el Cordero de Dios. Y probablemente otros oyeron la voz, también, porque en Mateo, la voz se dirige a los que están alrededor, diciendo, *"Este es mi hijo amado..."*, en tercera persona singular.

Pero también se tomaron en Marcos y en Lucas como palabras muy personales dirigidas a Jesús mismo, *"Tu eres mi hijo amado..."*, en segunda persona singular.

Pero no fueron exclusivamente para Jesús. Pues, están registradas en la Biblia para nosotros también. Y el bautismo no fue solamente para Jesús tampoco, pues, todos somos instados a ser bautizados. Así, como el Padre declaró a Jesús como hijo amado, ¡también nos lo declara cuando somos bautizados!

Somos amados. Igual que Jesús era y es amado. Eso nos eleva, nos fortalece, no confirma en un camino de bendición y de seguridad.

7. Si fuiste bautizado como joven o adulto, ¿recuerdes tu propio bautismo?

8. ¿Cómo te sentiste?

9. ¿En qué sentido era una confirmación de parte de Dios para tu vida?

10. ¿Cuáles otras señales te ha dado Dios como confirmación, sea para tu vida, en tu trabajo, en una relación, en un ministerio, lo que sea?

Ahora, imagínate cómo te sentirías en el lugar de Jesús. El bautismo mismo es una experiencia tan poderosa en sí mismo, pero con estas dos otras partes, imagínate como se sentía Jesús luego de esta experiencia tan animador. Exprésenlo en sus propias palabras.

Terminen la clase dando gracias a Dios por las señales de aval que Él nos ha dado, en nuestras vidas, carreras, relaciones, ministerios, etc.

Lección 20
Dios prepara a Jesús para su ministerio con su tentación, primera parte

Lectura: Mateo 4:1-11

Texto: Mateo 4:1 "Entonces Jesús fue llevado por el Espíritu al desierto, para ser tentado por el diablo."

Un dicho muy común que usamos mucho, tal vez cada día, es *"vale la pena"*. Lo decimos para prácticamente cualquier cosa. Pero, muchas veces, no pensamos en lo que significa, especialmente la palabra *"pena"*. Pues, estamos claros que las cosas valen según su precio, su inversión, sus requisitos, y sus costos, pero, ¿quién realmente quiere experimentar pena? Nadie. Queremos las cosas fáciles, sin mucho esfuerzo, sin pagar el precio, y mucho menos si tenemos que sufrir alguna pena, incomodidad, sufrimiento, o prueba. Pero, la frase *"vale la pena"* misma nos indica que las cosas en la vida que realmente tienen valor tienen un costo. Puede ser que tienen un costo monetario, pero también hay cosas de valor en la vida pueden cobrar otros precios, como el dolor físico y/o emocional. Las madres entre nosotros saben muy bien cuánto cuesta en términos de dolor el nacimiento de un hijo. Pero, preguntémosles si valió la pena. Es porque todo lo que bueno en la vida cuesta algo.

Luego de una experiencia tan animador y positiva como fue su bautismo, a Jesús le faltaba todavía otra parte de su preparación ministerial. Dios tenía ese plan, y era imprescindible para Jesús experimentar también una prueba difícil también. Por eso, Jesús fue llevado al desierto, no por el diablo, sino, por el Espíritu Santo.

Para cubrir el contenido de los Evangelios, vamos a hacer otro estudio detallado y comparativo de ellos. Busquemos los siguientes pasajes relacionados a este evento y respondamos a las preguntas para cada relato. Asegurémonos de leer cuidadosamente cada relato y determinar la respuesta exacta a cada pregunta. Si quiere, pueden apuntar las respuestas en las casillas. Así, se van a apreciar los detalles y cómo los reporta cada autor.

Preguntas ↓	Mateo 4:1-11	Marcos 1:12-13	Lucas 4:1-13
1. ¿Cuándo fue?			
2. ¿Qué hizo del Espíritu?			
3. ¿Por qué o para qué fue allá?			
4. ¿Cuándo fue tentado?			
5. ¿Quién lo tentó?			
6. ¿Cuál es el orden de las tentaciones?	1. 2. 3.		1. 2. 3.

Preguntas ⬇	Mateo 4:1-11	Marcos 1:12-13	Lucas 4:1-13
7. ¿Cómo respondió Jesús a la primera tentación?			
8. ¿Dónde llevó el tentador a Jesús?	2. 3.		2. 3.
9. ¿Qué le enseñó el tentador?			
10. ¿Cómo se los enseñó?			
11. ¿Cuál fue la oferta de tentador?			
12. ¿En qué condición se lo daría?			

Preguntas ↓	Mateo 4:1-11	Marcos 1:12-13	Lucas 4:1-13
13. ¿Cómo respondió Jesús a esta tentación?			
14. ¿Cuándo lo dejó el tentador?			
15. ¿Hubo ángeles que ministraban a Jesús?			

Observamos que hay mucho en común pero también, diferencias. Comenten sobre las similitudes y diferencias, y cómo este ejercicio permite un mejor conocimiento sobre este evento en la vida de Jesús.

16. ¿Qué experimentó Jesús durante los 40 días en el desierto?

➢ *Físicamente:*

➢ *Mentalmente:*

➢ *Emocionalmente:*

➢ *Espiritualmente:*

17. ¿Qué significan las tres tentaciones que Jesús pasó? ¿Eran tentaciones de verdad? ¿Les fueron fáciles para Jesús?

Algunos dirían que no eran tentaciones de verdad, porque Jesús es Dios y no puede ser tentado de verdad. Así, Jesús las superó de manera fácil, como nada. Pero, ¿fue así?

Primero, debemos estar claro que eran tentaciones de verdad. Si no fuera así, la Biblia no las llamaría "tentaciones". Segundo, sabiendo que Jesús era un ser humano, podemos estar seguro que, luego de ayunar durante cuarenta días, tenía hambre y sed, estaba cansado.

18. ¿Cuál crees que fue el propósito del Padre en enviar a Jesús a esta experiencia en el desierto?

19. ¿Porque a menudo necesitamos pasar estos tiempos de desierto?

20. ¿Cómo fue esta experiencia una preparación para Jesús para su ministerio?

21. ¿Valió la pena esta experiencia para Jesús?

22. ¿Qué aprendemos de Jesús en cuanto a victoria que Dios nos da sobre las diversas pruebas que nos vienen?

Terminemos la clase de hoy dando gracias a Dios aun por las pruebas que él permite en nuestras vidas.

Lección 21
Dios prepara a Jesús para su ministerio con su tentación, segunda parte

Lectura: Mateo 4:1-11

Texto: Mateo 4:3 "el tentador se acercó y le dijo: --Si eres Hijo de Dios, di que estas piedras se conviertan en pan."

Si analizamos las tres tentaciones, podemos ver que fueron más que sencillas tentaciones carnales o momentáneas: tocaban las bases de las necesidades humanas, y así, eran trampas para subvertir el reino que Jesús vino a inaugurar.

La tentación de convertir las piedras en pan.
¡Qué cosa más sencilla! Cualquier pensaría que no era ni una tentación, sino, una simple sugerencia para ayudar a Jesús. "Tienes hambre, pues, tienes que comer algo. Pero, ¿qué? Te quiero ayudar, pero no hay nada por aquí, ni un puesto de venta de chicharrones, ni colmado, ni comedor popular. ¡Nada! Ah-ja, Jesús, tengo una idea: ¡tú podrías convertir algunas de estas piedras en pan para comer! Así de sencillo."

¿Fue mala la sugerencia de convertir las piedras en pan? A simple vista, no. ¿La Biblia lo prohíbe? Tampoco. Entonces, ¿por qué no?

Ahora, esto no es solo sería una salida ventajosa momentánea para Jesús, sino, podría ser la llave para un ministerio exitoso. Imaginen las oportunidades de ayudar a la gente, alimentar a los hambrientos. Además, esto podría eliminar la pobreza, devolver el control y poder económico al pueblo, acabar con la opresión y explotación de los campesinos, y liberar económicamente la nación de Israel.

1. ¿Cuáles hubieran sido las ventajas para el ministerio de Jesús, cambiar las piedras en pan?
2. Leamos Mateo 14:15-21 y Mateo 15:32-38. Si Jesús iba a multiplicar el pan para alimentar a una multitud, ¿por qué reusó ahora convertir las piedras en pan?

3. Leamos Juan 6:14 y 15, y conversemos sobre el efecto de los milagros de Jesús: ¿cómo piensas que pudiera haber pasado si Jesús hubiera dejado que lo hiciera rey a la fuerza?

El control económico

El convertir las piedras en pan apelaría a un sistema de control en que Jesús manejaría este motor económico. Es una tentación para tomar control de la fuerza y motor económico del mundo, y tener poder sobre los hambrientos. Control para el bien, sí, claro, porque Jesús lo iba a hacer solo para el bien de ellos. Pero, era control y poder material sobre la gente, por encima de la gente, y esto no era el plan. Este milagro iba esclavizar a la gente. Podemos decir que la tentación fue controlar **el pan,** el cual representa algo tan esencial como la comida, sin la cual todos morimos. La búsqueda del pan es la base de la economía. Entonces esta primera tentación tiene que ver con este elemento simbólico: **el pan.**

Esto no era el plan. El plan era ser el pan que se iba partir y dar para los discípulos, no ser el jefe del pan de ellos. Cierto, Jesús nos enseñó pedir al Padre celestial nuestro pan de cada día. Pero, ¿cuál es la forma que Dios estableció para el ser humano alimentarse? Leamos Génesis 3:17-19, y hablemos sobre porqué esta tentación iba en contra del plan de Dios para el ser humano.

Jesús no quería establecer un sistema en que los necesitados quedaran dependientes de un poderoso, aunque sea Jesús mismo, para que hagan fila, y humildemente reciben en sus manos un pan gratis, aunque sea milagroso. No fue así que Dios había creado el mundo ni al ser humano, ni la economía natural. Para tener pan, hay que sembrar, cultivar, cosechar, limpiar, moler, mezclar, sobar, y hornear. Cuando hacemos este proceso, aunque sea indirectamente trabajamos y compramos pan que otro elaboró, hay cierta satisfacción. Esto libera, pone la producción en las manos de los que deben tenerla. Los sistemas asistencialistas subvierten el orden creado. Pero Jesús sabía que no debía subvertir la economía natural que Dios estableció. Tampoco debemos nosotros tratar de hacerlo.

4. ¿En qué sentido fue esta tentación un atentado contra el orden creado?

Un atajo ministerial

Además, esta tentación representa un atajo falso y peligroso para el ministerio de Jesús. Con este poder de hacer y regalar pan, ya iba poder dar un salto sobre todo obstáculo y establecer el reino de justicia de una vez. Poder crear pan de forma milagrosa hiciera que la nación judía iba poder independizarse de las potencias extranjeras, aun el poderoso imperio romano. Ya no iba depender de nadie. Representaba una verdadera revolución socio-económica, geo-política, que nadie iba poder parar. Es lo que la nación judía esperaba, volver a la gloria del reino de Salomón, como país poderoso, un reino independiente. ¡Qué fácil!

Pero Jesús sabía que no era así. Tampoco era el plan. Tal vez así evitaría todo tipo de sufrimiento, de obstáculo, de limitación. Jesús mismo ya no iba tener que aguantar rechazo, mucho menos ir a la cruz a morir. Pero, esto iba ser un atajo falso. No iba cumplir con el propósito de Dios. Su reino no era, ni es un reino de control económico ni político. En vez de ejercer control milagroso, "mágico", el Reino de Dios tenía que venir como una semilla de mostaza, como una moneda perdida, como un siervo que sufre y aun da su vida por sus amigos. Ese era el plan de Dios.

Un desvío materialista

Finalmente, esta tentación también representaba un desvío incorrecto: un desvío materialista. Como decimos, ni el enfoque del ministerio de Jesús ni el plan de Dios no era proveer pan. Jesús dio de comer más de una vez a multitudes, pero luego tenía que decir a la misma gente, que ellos le seguían solo porque les daba pan. No era el motivo principal de esos mismos milagros proveerle pan, eran señales del reino de los cielos. Eran declaraciones de la identidad de Jesús, que él mismo era el pan de descendía del cielo. Esto vemos en la respuesta que Jesús le da al diablo en Mateo 4:4 - *"No sólo de pan vivirá el hombre, sino de toda palabra que sale de la boca de Dios."* La Palabra es que realmente da vida y transforma.

El reino de Dios no es materialista, aunque incluye lo material. Jesús dijo que su reino de era de este mundo (Juan 18:36). Pero, ¿con esto quería decir que su reino no tiene nada que ver con este mundo? No, imposible, dado que todo lo demás de su ministerio y predicación indicaba que el reino estaba llegando al mundo, y las señales de reino tiene que ver con el *"Shalom"* (la paz de Dios. Lucas 4:17-21 y Mateo 11:4-5). No solo busca lo que a veces llamamos "lo espiritual", como si la vida humana no era importante. El pan, sí, es importante. Pero *no **solo** del pan*. A veces queremos usar "el pan" como un gancho para el ministerio. Pensamos, que, si damos "pan", entonces, captamos a la gente, y luego les damos la Palabra. Pero, esto es un atajo falso, porque al dar el pan, lo damos prioridad sobre la Palabra. Es lo que Jesús tuvo que decir a la gente que le buscaba solo por la comida que les dio. Pero, si pensamos dar solamente la Palabra también va quedar corto. Porque, sabemos que el ser humano tiene que comer, y *un mal comío no piensa*. Saco vacío no se para.

A veces pensamos que Dios es como una versión divina del hada madrina en los cuentos que nada más hay que comportarse bien, o decir las palabras mágicas correctas, o aun hoy en nuestra era moderna de tecnología, solo compartir esta palabra de bendición en Feicbuk o Wassap, y *"Dios te va a multiplicar las bendiciones si compartes esto."* *"Dios te sacará de cualquier situación es estás. Solo decláralo."* *"Solo tienes que mandar el mensaje a 20 contactos."* ¿Ah ja? ¿Es así que Dios funciona de verdad? No lo creo.

En un programa evangelístico para niños, pensamos que tenemos que comprar dulces para atraer a los niños. OK, no es malo. Pero, cuidado que el dulce viene a ser un gancho, una motivación falsa, hasta un engaño para cumplir un objetivo. Es mejor ofrecer amor, aceptación, hay que enfocar en el mismo evangelio y no caer en la trampa del atajo materialista.

5. ¿Cuál es la trampa del desvío materialista para el ministerio de la iglesia hoy en día?

Terminemos la clase de hoy dándole gracias a Dios por su cuidado y preservación que no hace en esta vida, proveyéndonos el pan nuestro de cada día, y que Jesús vino para dar su vida para nosotros.

Lección 22
Dios prepara a Jesús para su ministerio con su tentación, tercera parte

Lectura: Mateo 4:1-11

Texto: Mateo 4:5 y 6 "Entonces el diablo le llevó a la santa ciudad, le puso de pie sobre el pináculo del templo, y le dijo: --Si eres Hijo de Dios, échate abajo, porque escrito está: A sus ángeles mandará acerca de ti, y en sus manos te llevarán, de modo que nunca tropieces con tu pie en piedra."

Hoy consideramos **la tentación de tirarse del templo** para que los ángeles lo salvan. En esta tentación, vemos un atentado en el ámbito de la religión.

Tirarse del pináculo del templo de Jerusalén iba a poner a Jesús en el centro de atención como un superhéroe que interrumpe y toma el escenario central. ¡Qué espectáculo! ¡Qué victoria, y tan fácil! Iba ser un éxito inmediato, "un palo".

El templo era el centro religioso y cultural de la nación judía. Era el centro de las actividades, que principalmente giraban alrededor del sistema sacrificial. Y era algo que Jesús vino a cambiar. Y tirándose desde el pináculo del templo, Jesús podía acabar con todo este sistema de sacrificios, así de fácil. Como quiera, lo iba hacer, ¿verdad? Jesús vino para cumplir con todos los requisitos de la ley, terminar con los sacrificios, romper el velo del templo. ¿Por qué no hacerlo ahora?

Pero Jesús lo vio por lo que era, otra **tentación para subvertir los propósitos de Dios.** Ya Dios tenía un plan para cumplir y terminar, una vez para siempre, todo el sistema de sacrificios de animales, con toda la maquinaria sangrienta que tenía su epicentro en el templo en Jerusalén.

Leamos Hebreos 9:13 hasta 10:4 y contenemos las preguntas:

1. ¿Para qué eran los sacrificios de los animales del Antiguo Testamento?

2. ¿Eran capaces estos sacrificios en quitar el pecado del pueblo?

3. ¿Por qué Jesús tuvo que morir?

4. ¿En cuáles sentidos era el sacrificio de Jesús diferente al sacrificio de los animales?

5. ¿Qué hubiera pudiera haber pasado si Jesús se hubiera tirado del pináculo del templo?

En realidad, como parte del gran plan de Dios, la próxima generación después de Jesús vio terminar el sistema sacrificial del templo en el año 70, como 40 años después de la muerte, resurrección y ascensión de Jesús, cuando un ejército romano destruyó por completo el templo judío en Jerusalén y puso fin una vez y para siempre los sacrificios de animales. Ya era tiempo. Ya Jesús vino y pagó una vez para siempre por los pecados; Ya no era necesaria la sangre de ovejas, becerros, y machos cabrillos. Dios aseguró de esto, primero en Jesús y luego en la destrucción del templo. Pero fue así que Dios lo tenía previsto. No con Jesús tirarse del pináculo del templo.

Pero Jesús vio que esta tentación era también una de control y poder. Era suplantar un sistema de opresión con otro, similar o aun peor. Porque la religión de control y poder nunca libera, sino, esclaviza. La iglesia a veces cae en esta trampa, y crea un sistema de control y poder, de religión opresiva, que principalmente sirve de mantener la gente bajo el control de los poderosos. De los que realizan milagros, o prodigios, y predican buenos mensajes, o que cantan muy bien, o que bendicen a la gente. Pero si lo hacen para mantener control, para dominar u oprimir, es la misma tentación de tirarse del templo.

Es lo que podemos llamar **el atajo carismático o la tentación sensacionalista.** Es cualquier cosa que se inventa para demostrar la aprobación de Dios, sea por un milagro, una hazaña o prodigio notable que llama la atención de la gente, para impresionar, o para ganar fama y popularidad. Pero Jesús no quiso abusar el poder milagroso que tenía para llegar a ganar fama con el pueblo; él sabía que ese no era el camino que le tocaba. Él era el siervo, no el celebrado, él era humilde, no famoso. Él iba que sufrir rechazo y muerte, no los aplausos y homenajes de las masas. Los milagros tomaron un lugar auxiliar y secundario al mensaje central del evangelio y de su obra redentora. Así también hoy en día el carisma, los milagros, y los dones espectaculares no deben tomar primer lugar, sino deben servir para ayudar y comprobar el mensaje principal, el mensaje de la cruz, y dar gloria a Dios solamente.

Leamos Mateo 17:1-9

6. ¿Por qué Jesús les dijo que deberían decir a nadie lo que habían visto?

7. Busquen otros versículos en que Jesús les insta a gente no decir algo.

8. ¿Cuál es la tentación sensacionalista para la iglesia de hoy en día?

Terminemos la lección de hoy dándole gracias a Dios por su sacrificio en la cruz.

Lección 23
Dios prepara a Jesús para su ministerio con su tentación, cuarta parte

Lectura: Mateo 4:1-11

Texto: Mateo 4:8 y 9 "Otra vez el diablo le llevó a un monte muy alto, y le mostró todos los reinos del mundo y su gloria. 9 Y le dijo: --Todo esto te daré, si postrado me adoras."

Hoy consideraremos la tentación en que **Satanás le ofreció a Jesús todos los reinos de la tierra, y sólo tenía que arrodillarse y adorar al tentador.** Esta tentación tiene que ver con el poder político y terrenal, y era una trampa para que Jesús reconociera la falsa autoridad de su tentador. Pero, parecía ser una buena oportunidad. Jesús vino a reinar, pues, ya podía lograr todo de un golpe.

Antes de considerar otros aspectos, la primera pregunta es si el diablo realmente tenía esa autoridad, ese poder, ese reinado que ahora ofrece a Jesús. Leímos lo que el diablo dijo en el Evangelio según Mateo: en Lucas 4:6 – 7, encontramos unos elementos adiciones: el diablo le dijo: *"a ti te daré toda autoridad, y la gloria de ellos; porque a mí me ha sido entregada, y la doy a quien yo quiero. Por esto, si tú me adoras, todo será tuyo."* (SRVA)

Leamos algunos otros versículos y hablemos un poco sobre el tema de la autoridad de Satanás en este mundo.

1. Mateo 12:25-29
> ➤ *¿Qué alcance tiene el reino de Satanás?*

> ➤ *¿Quién es "el hombre fuerte" en este pasaje?*

> ➤ *¿Qué hace Jesús, según sus propias palabras aquí?*

2. John 12:31 y Juan 14:30
> ➤ *¿Quién es "el príncipe de este mundo"?*

3. I Juan 3:8 y 1 Juan 5:19
> ➤ *¿A qué vino Jesús a hacer?*

> *Otra vez, ¿qué alcance tiene el reino de Satanás en este mundo?*

Por un lado, diríamos que ¡NO! El diablo es mentiroso. Él no tiene este tipo de potestad. No lo tiene, en serio. En términos absolutos, no. Hay un Dios soberano, creador y gobernador de todo.

Pero, por otro lado, el diablo, sí, tenía algo que ofrecer. Tiene un dominio, un reino, un poder en este mundo.

Pero cuando dijo, *"a mí me entregaron autoridad y la gloria de los reinos de la tierra"*, esto era, otra vez, una mentira escondida. Dios no se le entregó el dominio y poder que tiene, lo que él califica como *"autoridad y gloria"*. No. Sino, la realidad es que el diablo se ha apoderado de un dominio, de un reino, pero, ilegítimos. *"Autoridad y gloria"* usurpadas, no propiamente de él. ¡Es un poderío robado! No le pertenecen, pero los ha agarrado, se ha apoderado de ellos. Con fuerza, con opresión, con engaño, con mentiras y falsas promesas, usando el sistema de suplantar la verdad y seducir con vanas imágenes. Es lo que ofrece el diablo. Se llama *"diablo"*, y esto viene de palabras en griego que significan *"tirar aparte"* o *"suplantar, dividir violentamente"*.

¿Esa es la autoridad que Jesús vino a asumir? ¿Es esa la gloria que le pertenece a Jesús? ¡NO! Para nada. La autoridad y gloria legítimas que le pertenecen a Jesús, y que el diablo nunca ha tenido, no tiene, ni nunca va tener, son las que vienen de un reino diferente, no según los principios de este mundo, no según los criterios que el diablo utiliza, que le convienen. El diablo está hablando mentira. Pero, yo creo que ni él mismo se da cuenta que es mentira. Él cree que tiene toda esta autoridad y gloria. Él no tiene nada. Esto me pone a pensar de una frasecita – *"pobre diablo"*. Es verdad. Pobrecito diablo, cree que tiene toda la autoridad, la gloria de los reinos. Lo que tiene es un pobre reflejo, una triste semejanza de la verdadera autoridad y gloria que tiene Dios. Jesús le dice esto en pocas palabras: *"Escrito está: Al Señor tu Dios adorarás, y a él solo servirás."* Traga esto, pobre diablo. Nadie te sirve de verdad. Nadie te adora de verdad. Toda esta autoridad, gloria, es falsa.

Leamos los siguientes versículos, y conversemos sobre cómo revelan la realidad del poder del diablo y el de Jesús:

4. Salmo 2:1-4

5. Filipenses 2:5-11

6. Hebreos 1:3

7. Apocalipsis 11:15

Podemos ver que Jesús sabía qué él tenía que hacer para lograr poder y dominio: no era apoderarse o dominar los reinos del mundo. No era rendirse a Satanás. Esto es lo que el mundo pide para que asumamos el poder mundano. Pero Jesús sabía que no era posible someterse a esta condición. Sabía que tenía un camino el de la cruz. Fue un camino difícil, pero, él lo hizo.

Así mismo, nosotros hoy en día no debemos buscar poder y control de la manera que el mundo lo hace y lo entiende, sino, debemos servir como Jesús lo hizo, humildemente y hasta la muerte. Y entonces, es así que recibiremos poder verdadero: el poder del Espíritu Santo. El poder de la vida. La autoridad que nos toca. Jesús lo recibió todo, pero solo después de morir. Recibió poder para resucitarse de la muerte, y para reinar.

Terminemos la lección de hoy orando para que venga el reino de Dios en su plenitud.

Lección 24
Dios prepara a Jesús para su ministerio con su tentación, quinta parte

Lectura: Mateo 4:1-11

Texto: Mateo 4:3b y 6a "Si eres el Hijo de Dios..."

No hay nada nuevo debajo del sol
Cuando examinamos las tentaciones que el diablo se le presentó a Jesús, podemos detectar una semejanza a tentaciones que la serpiente hizo a Eva en el huerto de Edén.

Leamos Génesis 3:1 a 5 y hablemos de las tentaciones allí.

1. ¿Cuáles son las diferentes tentaciones en esto versículos?

> *Vs. 1.*

> *Vs. 4.*

> *Vs. 5.*

2. ¿Cuáles son las mentiras y/o dudas que la serpiente plantea?

> *Vs. 1.*

> *Vs. 4.*

> *Vs. 5.*

Ahora, volvamos de nuevo a Mateo 4, mientras mantengamos un dedo en Génesis 3, y completemos la siguiente tabla de comparaciones entre las tentaciones de Eva por un lado, y las de Jesús, por el otro, en estos dos pasajes:

Preguntas ⬇	Génesis 3:1-5	Mateo 4:1-8
3. ¿Cuál fue la tentación carnal? (pista, de comida)		
4. ¿Cuál fue la tentación de autoridad y poder?		
5. ¿Cuál fue la tentación de protección? (pista: *"no morirás"*)		

¡El diablo no tiene nada nuevo! Son los mismos viejos trucos que usó con Eva y ahora los quiere usar para Jesús.

6. *¿Por qué quería la serpiente tentar a Adán y Eva? ¿Qué propósito tenía en tratar de hacer que ellos pecaran?*

7. *¿Por qué tentó el diablo a Jesús? ¿Qué quería lograr con esto?*

8. *¿Por qué volvió a usar tentaciones similares con Jesús?*

9. *Leamos Génesis 3:15: ¿Qué es lo que la serpiente iba a hacer a la simiente de la mujer?*

10. *¿Quién era esa simiente?*

Vemos que Satanás desea destruir el plan de Dios y subvertir el reino de Dios. Lo ha hecho desde el principio.

11. Leamos Apocalipsis capítulo 12 completo. ¿Qué quería hacer el dragón en el vs. 4?

12. ¿Con cuáles otros nombres se identifica el dragón en el vs. 9?

Como es la serpiente antigua, él no tiene nada nuevo que ofrecer. Siempre vuelve con lo mismo. Pero hay que saber los trucos. Hay que poder discernir las tentaciones para lo que son realmente. Y para lo que harán: nos engañarían, nos esclavizarían, y al final, nos destruirían.

Estas tentaciones son más que ejemplos o avisos. Son escenarios en que el reino de Dios es confrontado y desafiado, son peligros de subvertir los principios del reino. Esta es la estrategia del diablo: atacar directamente a los elementos centrales del universo simbólico de ser humano, de la cultura, del mundo entero, para establecer su dominancia, para conquistarlo para el "contra-reino", para dañarlos. Eso es lo que el diablo siempre hace: tomar algo bueno que Dios ha hecho, y torcerlo, cambiarlo de algo bueno a algo malo, algo que en vez de cumplir los propósitos por los cuales Dios lo hizo, cumple propósitos contrarios.

También son como atajos falsos, maneras fáciles de hacer algo que parece ser bueno, para el ministerio, para el reino de Dios. Pero a pesar de que parecen ser muy buenas formas de lograr el éxito en el ministerio, al caer en la tentación, llegan a tener el efecto contrario de desplazar el propósito verdadero del reino y del ministerio auténtico.

Ahora, volvamos a Mateo 4, y leamos los versículos 4, 7 y 10 de nuevo.
13. ¿Con qué venció Jesús las tentaciones? ¿Cuál fue su único recurso?

14. ¿Qué debemos hacer cuando somos tentados?

15. ¿Crees que la Biblia tiene una respuesta para las tentaciones con que nos ataca Satanás?

Hermanos, tengamos cuidado de no caer en estos mismos atajos. Son nada más que peligros hoy en día para nosotros, para la vida cristiana, para el verdadero ministerio al cual el Señor nos ha llamado.

La buena noticia es que Jesús ya ha trazado este camino. Superó estas mismas tentaciones. Ahora, con la ayuda del Señor, también venceremos, también evitemos caer en estas y otras tentaciones.

Terminemos hoy dando gracias a Jesús por haber vencido estas tentaciones. También, le pidamos que nos dé palabras para poder vencer también.

Lección 25
Jesús anuncia el reino

Lectura: Mateo 4:12-25

Texto: Mateo 4:17 "Desde entonces Jesús comenzó a predicar y a decir: "¡Arrepentíos, porque el reino de los cielos se ha acercado!"

Jesús sigue las pisadas de Juan: pero también va más allá.
Como vimos en las dos pasadas lecciones, Dios vino preparando a Jesús para su ministerio. Pero también vino preparando el escenario para Jesús.

Leamos de nuevo los versículos 14 a 16, y reflexionen sobre la forma que Dios preparó todo para Jesús viniera al mundo.

Mateo 4:12 indica que fue después de que Juan estaba encarcelado que volvió a Galilea y comenzó a predicar. No sabemos cuánto tiempo fue después de su tentación en el desierto. Nos podemos preguntar, ¿por qué en ese momento? Recordemos que, al ser bautizado por Juan, Jesús se estaba sumando al movimiento de Juan, se identificó con su ministerio, y también con su mensaje. Esto se ve claramente al comparar el mensaje de Juan y lo que Jesús vino predicando.

Leamos los siguientes versículos: Mateo 3:2 y Mateo 4:17, e identifiquemos los elementos que tienen en común las predicaciones de ellos dos.

1. ¿Cómo demuestra esto que Jesús se identificaba con Juan?

Juan mismo había dicho claramente que él tenía una misión principal: preparar el camino para Jesús, pero también que Jesús le iba superar. En Mateo 3:11 encontramos que él dijo, *Yo, a la verdad, os bautizo en agua para arrepentimiento; pero el que viene después de mí, cuyo calzado no soy digno de llevar, es más poderoso que yo.*

Ya que Juan estaba preso, Jesús inaugura su ministerio predicando el mismo mensaje. En Mateo, Jesús predica y enseña sobre "el reino de los cielos" y "el reino de Dios" como 45 veces. Es este y en muchos otros sentidos, Jesús se fue mucho más allá que Juan el bautista.

Jesús llama a sus primeros discípulos
Al llamar a un grupo de seguidores, ya estaba formando la ciudadanía y los obreros del reino, los que iban a aprender y replicar los principios y señales del reino. Juan también tenían sus discípulos, y aun después que estuvo preso, ellos se identificaban con Juan. Eso lo vemos en Mateo 11:2-3. (Leamos)

Al llamar a estos discípulos, Jesús seguía la forma de los maestros judíos, los *rabís,* que muchas veces eran predicadores ambulantes, y mantenían a la vez una escuela rabínica ambulante. Los seguidores de ellos aprendían del rabí, le servían, y también llevaban a cabo elementos del ministerio y enseñanza de su maestro.

Al leer el relato de Mateo de cuando Jesús llamó a sus primeros discípulos, (Mateo 4:18-22) reflexionemos sobre qué observamos:

2. ¿A quiénes habló Jesús, y qué les pidió?

3. ¿Cómo reaccionaron?

4. ¿Ellos conocían a Jesús, o sabían algo de él, según el texto?

5. ¿A qué podemos atribuir su reacción? ¿Por qué reaccionaron así?

6. ¿Sabían ellos a qué Jesús les estaba llamando?

Jesús inaugura el reino con poder
Pero Jesús no solamente hablaba del reino, sino, también lo demostraba con poder. Eso es lo que leemos en Mateo 4:23 (vuelvan a leerlo).

Ahora, Leamos Mateo 11:2-6 y contestemos las siguientes preguntas.
7. ¿Por qué Juan les mandó a preguntar si era él aquel que ha de venir, o esperaremos a otro? (vs. 3) ¿Dudaba Juan? ¿Faltaba algo Jesús en su ministerio?

8. Vean otra vez el vs. 5: Los ciegos ven, los cojos andan, los leprosos son hechos limpios, los sordos oyen, los muertos son resucitados, y a los pobres se les anuncia el evangelio.

9. ¿Por qué Jesús mencionó estos puntos en específico?

Busquen los siguientes versículos para ver el trasfondo de la respuesta de Jesús, e identifiquen los puntos en común:

10. Isaías 29:18

11. Isaías 35:4-6

12. Isaías 42:6-7

13. Isaías 61:1-2

Los textos de Isaías pueden considerarse profecías mesiánicas y de las señales del reino, porque presentaron lo que iba a ser la identificación de la llegada de la salvación que Israel tanto esperaba.

Entonces, cuando Jesús sanaba, echaba fuera los demonios, y predicaba las buenas nuevas, estaba inaugurando y demostrando la llegada del reino de Dios, y a la vez, presentándose como el rey y mesías de ese reino.

Terminemos la lección de hoy dando gracias a Dios que Jesús vino para inaugurar y demonstrar su reino.

Lección 26
Jesús llama y prepara a sus discípulos

Lectura: Juan 1:35 a 42

Texto: Juan 1:41 "Este encontró primero a su hermano Simón y le dijo: --Hemos encontrado al Mesías--que significa Cristo."

Después de que Dios preparó a Jesús a través de su bautismo y su tentación, Jesús inició su misión llamando a sus primeros discípulos. Los cuatro Evangelios relatan los sucesos. Leamos los siguientes textos y contestemos las preguntas correspondientes.

➢ **Mateo 4:18 a 22** (No hay que leer Marcos 1:16 a 20, que es casi idéntico, palabra por palabra).

➢ **Lucas 5:1-11**

➢ **Juan 1:35 a 42**

1. *Analizando las tres lecturas, ¿cuál piensan que fue el primer encuentro?*

2. *En la lectura en Juan, ¿qué sabían de Jesús eso dos discípulos de Juan? (Vean Juan 1:36 y 37.)*

3. *En la lectura en Juan, ¿qué invitación hizo Jesús con ellos? (Vean Juan 1:39.)*

4. *En la lectura en Juan, ¿cómo respondieron ellos a la invitación de Jesús? (Vean Juan 1:39 a 41.)*

5. *En la lectura en Lucas, ¿qué invitación hizo Jesús con ellos? (Vean Lucas 5:10.)*

6. *En la lectura en Mateo, ¿qué invitación hizo Jesús con ellos? (Vean Mateo 4:19)*

7. *¿Qué quería decir Jesús con la frase "pescador de hombres"?*

8. *En los relatos de Mateo y Lucas, ¿cómo respondieron a la invitación?*

Jesús llamó a sus primeros discípulos muy temprano en su ministerio. Así, vemos que era algo importante para Jesús.

9. *¿Qué indica para la estrategia de Jesús el hecho de que llamó a estos discípulos muy temprano en su ministerio?*

10. *¿No pudiera haber realizado su ministerio solo, sin tener a estos discípulos?*

Así, podemos concluir que Jesús tenía como prioridad **hacer discípulos**. No estaba contento en realizar su ministerio solo, aunque pudiera haber sido más fácil. Esta prioridad conllevaba un procedimiento.

Leamos Marcos 3:13-19

11. *Según los versículos 14 y 15, ¿cuáles eran los propósitos de Jesús en nombrar a estos apóstoles? Conversemos sobre estos propósitos, y por qué eran necesarios pasos en la preparación de los apóstoles.*

Leamos Mateo 9:35-38

12. *¿En qué manera estaba Jesús preparando a sus discípulos en estos versículos?*

Leamos Mateo 10:1-23.

13. *¿Por qué Jesús los envió, y qué tiene que ver con su preparación para sus futuros ministerios?*

14. *¿Qué iban a aprender los discípulos en este viaje misionero?*

15. *Conversemos sobre las instrucciones que Jesús les dio. ¿Cuáles les llaman la atención? ¿Por qué son importantes estas instrucciones?*

16. *¿Por qué Jesús los envió sin recursos ni posesiones materiales?*

17. *Según los vss. 17 a 23, ¿todo iba a salir positivo, de victoria en victoria, con éxito en todo sentido?*

18. *Según los vss. 19 y 20, ¿en quién tenían que depender?*

Lección 27
Jesús revela los valores del reino, primera parte

Lectura: Mateo 5:1-16

Texto: Mateo 5:3 "**Bienaventurados los pobres en espíritu, porque de ellos es el reino de los cielos.**"

Comencemos haciendo una comparación de las dos versiones de las "bienaventuranzas":

Preguntas ↓	Mateo 5:1 – 12	Lucas 6:17 – 23
1. ¿Dónde estaba Jesús cuando pronunció este discurso?	Vs. 1	Vs. 17
2. ¿Cuántas bienaventuranzas hay?		
3. ¿A quién se les refería? (consideren la gramática de los verbos)		
4. ¿De quiénes es el reino de los cielos?	Vs. 2	Vs. 20

Preguntas ↓	Mateo 5:1 – 12	Lucas 6:17 – 23
5. ¿De qué clase de hambre habla?	Vs. 6	Vs. 21
6. ¿Hay otras diferencias?		

7. ¿Qué podemos concluir de la comparación de estos dos textos?

8. ¿En qué sentido enriquece las bienaventuranzas tener dos diferentes versiones de ellas?

Las bienaventuranzas revelan los valores del reino de los cielos
¡Con cuánto romanticismo son leídas en ocasiones las bienaventuranzas! Pensamos, *"Oh, qué lindo suenan"*, dejando de percibir, así, todo el escándalo y alteración de los valores que en ellas se encuentran. Jesús proclama bienaventurados a los que la sociedad de su época, y de toda época, considera desdichados e infelices: los pobres, los humildes, los hambrientos y sedientos, los que lloran, los perseguidos y calumniados, los afligidos, los misericordiosos, y los que trabajan por la paz. Son, según "el mundo", los que no cuentan, los que no suman ni restan más que para las estadísticas.

Pero, Jesús declara, *"De ellos es el reino de los cielos, ... recibirán la tierra como herencia, ellos recibirán misericordia, ellos serán llamados hijos de Dios."* Son ellos los que tienen la bienaventuranza. No son los poderosos, los que superan a los demás, los ricos, y los "ganadores", los "exitosos". El evangelio es "buenas nuevas", porque tiene esa novedad. Por eso, la llegada del reino es una verdadera revolución, que hace regocijar a los que menos esperaba tal salvación. Pero, también desconcierta a sus propios destinatarios.

Las bienaventuranzas muestran los valores del reino de Dios. O sean, presenta lo que es importante para Dios. Sólo se pueden apreciar si vemos desde el punto de vista de Dios, y solo desde ahí puede verse que el reino está llegando. Dios no mira a los seres humanos desde el pináculo del Templo ni desde las rígidas demandas de la ley. Dios nos mira desde el margen, desde la perspectiva de los pobres y los oprimidos, e invita, también declara bendiciones, a los que esperan en él. Eso es lo que Dios valora: a los pobres, los que sufren persecución, los que sufren hambre, los que lloran, y los que demuestran la pobreza en espíritu, la mansedumbre, la justicia, la misericordia, la pureza de corazón, la paz, etc.

Cualquiera preguntaría, *"Pero, ¿qué tipo de bienaventuranza hay en estar pobre, perseguido, hambriento, llorando, etc.?"* Parecer ser una contradicción. Lo es, según los valores del mundo. Pero, según los valores de Dios, la felicidad de los bienaventurados no radica en la pobreza, el hambre, el dolor o la persecución: radica en que Dios está con los que padecen todo ello. Es buenas nuevas, porque nos libera de la condenación. Nos liberta de la idea que la maldición es nuestra suerte, o el castigo de Dios por nuestros pecados, o aun por los de nuestros antepasados, o por nuestra raza, etnia, nacionalidad. Jesús vino proclamado la libertad, la sanidad, y la salvación, rompiendo los paradigmas del fatalismo de una predestinación divina desviada.

La pobreza, el fracaso, la miseria, y otros males vienen como consecuencia de causas humanas, incluso, socio-históricas, culturales, y por el pecado. Por ejemplo, muchos son pobres porque son adictos a los vicios. Pero muchas veces, las personas no son pobres porque tienen vicios o porque han pecado, sino porque ¡otro ha pecado en contra de ellos! Muchos niños son criados por padres sumergidos en vicios o en la criminalidad. Algunos niños son criados entre pandillas, y no conocen otra vida. Son víctimas de un reino de pecado. En otros casos, las personas han sido robadas de sus tierras o estafadas por maniobras legales de los poderosos. No es culpa de ellos que sufren inhumanamente. Hay muchas personas que son oprimidas en empleos informales e ilegales que los han destinado a la pobreza con sus familias. También ellos necesitan buenas nuevas de salvación.

Por eso, otra vez, Dios volcó el "sentido común" del mundo, que aprecia y premia a los fuertes, los conquistadores, los "ganadores". Otra vez, vemos que el evangelio es buenas nuevas, porque viene a romper el paradigma de opresión y marginalización que el mundo ha aplicado. Estos son los valores del reino.

Leamos algunos textos que demuestran ese aspecto del evangelio. Conversemos sobre cada lectura y cómo es "buenas nuevas" para los pobres, los marginados, los "de abajo".

9. *Deuteronomio 7:6-8*

10. *Amos 3:2*

11. *Mateo 8:10-12*

12. *Lucas 4:18*

13. *1 Corintios 1:27*

14. *Efesios 1:4, 5*

15. *Santiago 2:5*

Terminemos la lección de hoy conversando sobre los valores del reino de los cielos. Hagan una lista de estos valores, y cómo los podemos mejor demostrar.

Parte del contenido de la lección de hoy viene del libro *"Bajar de la cruz a los pobres",* disponible en www.servicioskoinonia.org/LibrosDigitales (2007).

Lección 28
Jesús revela los valores del reino, segunda parte

Lectura: Mateo 5:1-16

Texto: Mateo 5:16 "Así alumbre vuestra luz delante de los hombres, de modo que vean vuestras buenas obras y glorifiquen a vuestro Padre que está en los cielos."

¿Cuándo entran en fuerza estos valores?

El mensaje de Jesús es que todo el reino de injusticia, de maldad, de odio, de violencia, y del pecado, se está por ser revertido en el reino de los cielos. Uno puede preguntarse, *¿hasta cuándo, Señor?* Es un clamor que hizo el rey David siete veces en los Salmos (por ejemplo, Salmo 74:10); y lo hacían los santos profetas (Habacuc 1:2, entre otros).

En Mateo 5:3, Jesús dice que el reino les pertenece a los pobres de corazón, ahora. No en el futuro. ¡Ahora! El verbo en este versículo está en el tiempo presente. O sea, es una realidad presente. No hay que esperar más.

Es interesante observar que, en las demás bienaventuranzas, los verbos de las promesas están en el tiempo futuro. *"Serán saciados, recibirán misericordia,"* etc.

1. Si Jesús vino proclamando que "el reino de los cielos se ha acercado" (Mateo 4:17, etc.), ¿por qué no lo vemos en su plenitud todavía? ¿El reino es algo presente o es algo futuro?

2. Conversemos sobre esta pregunta, considerando los siguientes textos:
> *Marcos 1:14-15*
> *Lucas 17:21*

3. ¿Cuáles son las señales del reino que Jesús vino proclamando?

4. ¿Vemos estas señales hoy en día?

5. ¿La iglesia ha tomado en cuenta es su predicación y su actividad a los marginados, los pobres, y los que sufren?

6. ¿Cómo debe la iglesia orientar su predicación y su actividad a favor de los marginados, los pobres, y los que sufren?

7. ¿Qué tipo de proyecto debemos emplear como iglesia local para mejor reflejar los valores del reino de Dios entre los pobres, los excluidos, y los desposeídos de nuestra propia comunidad?

Leamos de nuevo Mateo 5:10 a 12. Hasta el versículo 9, cualquier pensaría que, si se une a Jesús, aunque antes era un pobre infeliz, ya todo iba a cambiar, y no sufriría más. Pero, ¿en realidad, era eso que Jesús anunciaba?

8. ¿Hay algo en los versículos 10 a 12 que nos intimida? ¿Algo que no nos gusta? ¿Por qué Jesús permite o nos sometería a estos tipos de problemas?

Sal y luz
En los versículos 13 a 16, Jesús plantea una nueva identidad para los ciudadanos del reino de los cielos: sal de la tierra, y luz del mundo.

Cualquier pensaría que, si somos ciudadanos del reino de los cielos, pues, ya vamos a dejar ese viejo mundo atrás, olvidarnos de él y de todo lo que tiene.

Pero, eso no es lo que Jesús dice aquí. Muy al contrario: nuestra identidad como ciudadanos del reino nos da un nuevo papel en este mundo: en vez de huirlo, lo vamos a penetrar. En vez de ser permeados por el mundo, vamos a permearlo nosotros. Así, eso valores del reino de Dios que operan en nosotros, van a sentirse también en el mundo. Así, el reino que Jesús vino anunciando, no solo llegó como un reino opuesto al reino de este mundo, sino, como una fuerza transformadora. Veremos:

9. ¿Qué función e importancia tiene la sal para la comida?

9. ¿Cómo es que funciona la sal en la comida?

10. ¿La sal va a servir si la guardamos dentro del salero?

11. ¿Qué hay que hacer con la sal para que tenga su efecto?

12. Y la luz, ¿Qué efecto tiene la luz donde hay tinieblas?

13. ¿Cuál es más fuerte, la luz o las tinieblas?

14. ¿Qué dice Jesús que hay que hacer con la luz en Mateo 5:15?

15. Siendo nosotros "sal y luz", ¿cómo lo debemos demostrar? Contestemos de manera individual y también como iglesia local.

Terminemos la clase de hoy pidiendo a Dios que nos motive para vivir de acuerdo a estos valores del Reino suyo, y que seamos "sal y luz" en nuestras vidas

Parte del contenido de la lección de hoy viene del libro *"Bajar de la cruz a los pobres"*, disponible en
  www.servicioskoinonia.org/LibrosDigitales   (2007).

Lección 29
Jesús reinterpreta la ley del reino

Lectura: Mateo 5:17-20

Texto: Mateo 5:17 "No penséis que he venido para abrogar la Ley o los Profetas. No he venido para abrogar, sino para cumplir."

I. Introducción

Aquí, al principio de su ministerio, Jesús busca aclarar su relación con la fe judía y la ley. Sus discípulos y otros oyentes habían estado empapados en la fe judía y la ley. Habían aprendido de los sacerdotes, los fariseos y otros líderes religiosos. Ahora, estaban escuchando a Jesús criticarlos y enseñar lo que puede haber sido entendido como opuesto a ellos. Se habían sentido atraídos por la ardiente predicación de Juan el Bautista, y habían visto a Jesús identificarse con Juan. Y Juan había sido encarcelado y no apoyado por los líderes religiosos.

Por lo tanto, no es de extrañar que hubiera preguntas. ¿Se oponía Jesús a la ley? A veces, sonaba así. ¡Ciertamente se oponía a los líderes religiosos! ¿Pero también estaba diciendo que la ley ya no iba?

Eso habría sido muy polémico. ¡Oponerse a la propia ley sería inconcebible! La ley de Moisés era el corazón y el alma de su fe. ¡Era la misma voluntad de Dios!

Así que Jesús se tomó el tiempo para explicar su relación con la ley. Y al hacerlo, lejos de derrocar la ley, aclara cuál es el corazón y el alma de la verdadera fe: la ley del reino, la ley del amor.

Lo que encontramos en este pasaje y en los pasajes paralelos de los Evangelios no es una visión baja de la ley, sino una visión muy alta de ella. Encontramos, no un estándar más bajo, sino un estándar más alto que incluso el de los fariseos y maestros de la ley.

Leamos los siguientes versículos e conversemos sobre lo que Jesús dice que muestra una visión elevada de la ley:

1. *Mateo 5:17*

2. *Mateo 5:18*

3. *Mateo 5:19*

4. *Mateo 5:20*

5. *Conversemos sobre qué significa esto para nuestras vidas.*

¡Wao, eso es difícil! ¿Por qué Jesús complicó nuestras vidas de esta manera? ¿Por qué no tener un conjunto de reglas y asegurarse de que todos las mantengan? ¡Sería mucho más fácil! De esa manera podríamos determinar fácilmente quién está dentro y quién está fuera.

II. La ley de la gracia y del amor

Pero la ley del Reino de los cielos se basa en la gracia. Tiene el objetivo de redimir, restaurar y transformar, no de condenar, rechazar o destruir. Esto se debe a que, como todos sabemos, ¡nadie puede realmente cumplir la ley perfectamente! Todos tenemos dificultades con la ley. Sufrimos tentación, tenemos dudas, tenemos motivos y pensamientos impuros y, por supuesto, todos caemos en pecado de algún tipo en un momento u otro. En realidad, si estamos dispuestos a admitirlo, no podemos negar que caemos mucho en pecado.

Es por eso que Jesús enseña que este estándar más alto de la ley que exige un cumplimiento interno, no sólo una obediencia externa, es en realidad el único camino a la salvación. La ley de la gracia y del amor trae consigo la redención mucho más allá que la conformidad legalista, porque surge desde un corazón redimido y agradecido, de la fe y la dependencia en Dios, y fluye desde adentro hacia afuera. Es la ley escrita en nuestro corazón. **(Leamos Jeremías 31:33)**

Él sabe lo importante que es para nuestras vidas saber cuál es el papel apropiado de la ley y de las Escrituras en la vida cristiana que Él habla sobre este tema.

A partir de Mateo 5:20, el resto de este capítulo (vss. 21-48) se dedica a seis ejemplos específicos de cómo la ley del amor es un estándar más alto que la conformidad legalista.

Leamos los siguientes pasajes de Mateo capítulo 5, indiquemos el tema que se toca, y conversemos sobre cómo la ley del amor es una ley más íntegra, aún más rigurosa que la conformidad externa y legalista. Den ejemplos de la vida diaria para cada sección.

6. *Vss. 21 y 22*

7. *Vss. 27 a 30*

8. *Vss. 31 y 32*

9. *Vss. 33 a 37*

10. *Vss. 38 a 42*

11. *Vss. 43 a 48*

Terminemos la clase de hoy pidiendo a Dios que nos motive para vivir de acuerdo a la ley del amor, sin expectativas, sin orgullo, sin egoísmo, y con un corazón conforme al de él mismo.

Lección 30
Jesús nos enseña a orar

Lectura: Mateo 6:5 a 15

Texto: Mateo 6:8 "Por tanto, no os hagáis semejantes a ellos, porque vuestro Padre sabe de qué cosas tenéis necesidad antes que vosotros le pidáis."

Jesús puso mucho énfasis en la oración. Enseño muchas veces sobre el tema, y también practicó mucho la oración. En esta primera lectura, Él orienta el tema de la oración en su esencia:

Leamos de nuevo Mateo 6:5 a 8 y respondamos a las siguientes preguntas:

1. ¿Por qué oran los hipócritas? (vean el vs. 5)

2. ¿Dónde dice Jesús que debemos orar?

3. ¿Por qué los cristianos oramos en público? ¿Jesús prohíbe la oración pública? ¿Lo desobedecemos cuando oramos en público?

4. ¿Por qué, entonces, dice Jesús que debemos orar en secreto?

5. ¿Cuál es la esencia de la oración, si no es para ser visto?

6. Si nuestro Padre sabemos lo que necesitamos antes que se lo pedimos, ¿por qué debemos orar? ¿Es realmente para pedirle cosas a Dios? ¿O tiene otro propósito?

En los vss. 9 a 13, Jesús nos ha dado un modelo para la oración que nos sirve ahora como guía para la oración en general. Pero, además, nos puede servir como un patrón para la oración de misión, por su énfasis en la llegada del reino, la voluntad, y la gloria de Dios en la tierra. Mientras revisemos esta oración frase por frase, conversaremos sobre qué significa para nosotros y para la misión de Dios.

Padre nuestro, que estás en los cielos:

7   ¿Qué significa que Dios es nuestro Padre?

8   ¿Por qué no dice "Padre mío"?

9   ¿Qué significa que está en los cielos? ¿No está aquí entre nosotros también?

10 ¿Qué hace en los cielos?

Santificado sea tu nombre:

11 ¿Qué significa que el nombre de Dios debe ser santificado? Piensen en otras palabras para decirlo.

*12 Analice esta petición gramaticalmente: ¿A quién se le está pidiendo? O sea, ¿quién debe santificar el nombre de Dios?¿Qué tenemos que ver nosotros en si el nombre de Dios es santificado?*Venga tu reino: Hágase tu voluntad:*¿Qué relación tiene esta petición con la anterior?*Como en el cielo, así también en la tierra:*¿Dónde es que estamos pidiendo que la voluntad de Dios se haga? Y ¿cuándo? ¿Podría referirse a un lugar, un tiempo, o ambos? ¿O a otra cosa también? ¿A cuál petición refiere esta frase calificativa? ¿Es para una sola o podría ser para las tres peticiones? ¿Dónde queremos que el nombre de Dios sea santificado? ¿Dónde es que pedimos que su reino venga, y que su voluntad se haga? ¿Cuál es el aspecto misionero de esta oración? Conversemos sobre cómo sería un mundo donde se cumplan estas tres peticiones.*

22 ¿Por qué esta oración no tiene una petición para sacarnos de esta tierra, y llevarnos directamente al cielo, sino, que estas cosas sean cumplidas aquí en la tierra?

23 ¿Cómo es diferente esta oración hasta ahora, con estas tres primeras peticiones, a las oraciones que solamos pronunciar?

Lección 31
Jesús nos enseña a orar (segunda parte)

Lectura: Mateo 6:5 a 15

Texto: Mateo 6:9 "Vosotros, pues, orad así: Padre nuestro que estás en los cielos: Santificado sea tu nombre..."

Volviendo a la oración que Jesús enseñó a sus discípulos, seguimos con las peticiones que tienen que ver con nuestras más básicas necesidades.

El pan nuestro de cada día, dánoslo hoy:

24 ¿Ignora Dios nuestras necesidades físicas?

25 ¿Para qué tipo de necesidades debemos pedir?

26 ¿El pan de quién debemos pedir?

27 ¿El pan de cuándo debemos pedir?

Perdónanos nuestras deudas:

28 ¿Cuál es nuestra necesidad espiritual fundamental, según esta petición?

29 Comparen esta oración con la que se encuentra el Lucas 11:1 a 4. ¿Qué es lo que se pide perdonar en Mateo y qué en Lucas? ¿Cuál sería la diferencia?

Como también nosotros perdonamos a nuestros deudores:

30 Leamos los versículos que siguen la oración (Mateo 6:14 y 15). ¿Por qué es un requisito para ser perdonado, perdonar a otros?

Y no nos metas en tentación:

31 ¿Por qué hay que pedir a Dios no meternos en tentación? ¿Es Dios quien no tienta?

32 *¿Cómo demuestra esta petición nuestra debilidad y la condición precaria del ser humano?*

Mas líbranos del mal:

33 *Vistas juntas estas dos peticiones, ¿qué nos indica en cuanto a quién nos tienta?*

34 *¿Qué es el mal de que debemos pedir liberación?*

35 *Conversemos sobre cómo Dios nos ha librado del mal.*

Porque tuyo es el reino, el poder, y la gloria, por todos los siglos.

36 *¿Qué confianza hay, según la conclusión de esta oración?*

37 *Comparen las tres partes de la conclusión con las tres primeras peticiones: ¿Qué tienen en común? ¿A cuáles tres asuntos se refieren?*

Leamos Mateo 6:9 otra vez.

38 *¿Qué dijo Jesús antes de comenzar esta oración?*

39 *Según lo que dijo Jesús, ¿cómo podemos utilizar esta oración? ¿La debemos usar personalmente? ¿en la iglesia? ¿en la misión?*

Mateo 7:7 a 11

40 *¿Cuál es la insistencia de Jesús en cuanto a la oración?*

41 *¿Cuál es la inmensa promesa que hace Jesús en cuanto a la oración?*

Mateo 9:35 a 38

42 *Al ver la necesidad de la gente, ¿cuál fue el primer mandado que Jesús dio aquí? ¿Id? ¿Anunciad? ¿Predicad? ¿Dad?*

Mateo 14:23, Mateo 26:36, Lucas 9:28

43 ¿Jesús se apartó para qué?

44 Como Jesús es Dios, ¿por qué tenía que orar?

Terminemos la lección de hoy orando, usando como base la oración que Jesús enseño a sus discípulos en Mateo 6:9-13.

Lección 32
Jesús visualiza el reino en las parábolas, primera parte

Lectura: Mateo 13:1-9, y vss. 34 y 35.

Texto: Mateo 13:3 "Entonces les habló muchas cosas en parábolas, diciendo: "He aquí un sembrador salió a sembrar."

I. Introducción

Ambos Juan el Bautista y Jesús vinieron predicando el reino de Dios. Juan era como en puente entre el Antiguo y el Nuevo Testamentos, y su mensaje anticipaba el cumplimiento de la esperanza de la primera: que Dios como rey venía a establecer su reino eterno.

Jesús uso las parábolas como su manera principal de enseñar. Y en sus parábolas, enfocó en el reino de Dios. Introducía muchas de esas parábolas con frases como *"El reino de Dios es como..."* o *"¿A qué compararé el reino de Dios?"* Para buscar el significado del reino de Dios, el mejor lugar para comenzar es en esas parábolas. Consideraremos varios de temas que predominan en las parábolas del reino.

II. ¿Qué es una parábola? Y, ¿cómo debemos interpretar una parábola?

Jesucristo enseñó el reino de Dios por medio de las parábolas.
Pero, ¿qué es una parábola?

Lo primero que hay que entender de la parábola es que no es literal, es lenguaje simbólico. Esto significa que tiene un mensaje indirecto, el cual hay que saber encontrar e interpretar. El error más grande en cuanto a las parábolas es tomarlas como si estuvieran hablando de las cosas exactamente como son. No es su intención. Su intención es presentar un mensaje a través de una historia, un cuento, un dicho, o una realidad en el mundo. La historia que cuenta, normalmente, es algo real en el mundo. Pero, el mensaje no es la historia en sí, sino, algo escondido detrás de la historia.

Otra característica de las parábolas es que son cortas y sencillas, no largas ni complejas, pero lo que enseña, es algo profundo y a veces difícil de entender. Jesús usó las parábolas que hablaban de la vida común de la gente para enseñarles sobre la profundidad del reino de Dios.

Una característica más que es necesario entender es que la parábola busca presentar UN punto principal, no una serie de detalles. Por eso, generalmente, los detalles en las parábolas no tienen mucha importancia en la enseñanza, excepto para apoyar el punto principal. Ese es otro error al interpretar las parábolas: tratar de hacer que cada elemento o detalle tenga un significado espiritual. No es así. Si encuentran el punto principal, ya, es suficiente. Sin embargo, el punto no es que los detalles hay que ignorar o desechar, sino, ver cómo esto detalles contribuyen a la enseñanza principal.

El tema principal que Jesús enseñaba por las parábolas era el reino de Dios. Como es un tema tan amplio y a la vez tan profundo, él pronunció muchas parábolas al respeto para cubrir muchos aspectos de él.

1. ¿Por qué se dice que las parábolas llevan algo escondido?

2. ¿Cómo se puede encontrar el mensaje principal de una parábola?

III. ¿Por qué Jesucristo usó las parábolas para enseñarles?
Lectura: Mateo 13:10-17
Decimos que las parábolas son historias breves sobre temas comunes que la gente conoce. Pero, ¿por qué a veces la gente no las entendía? Pensamos que Jesús hablaba en parábolas para que todo el mundo pudiera entender mejor. ¿Por qué el sentido de las parábolas estaba escondido a algunos?

Leamos los siguientes versículos y preguntas, y conversemos sobre por qué algunas personas entendieron y otras personas no.

3. Mateo 13:11 ¿De parte de quién es dado saber los misterios?

4. Vs. 13 - ¿No entiende porque no quieren entender?

5. Vs. 15 ¿Qué es lo que impide a la gente entender el mensaje?

6. Vs. 16 ¿Cuál es el resultado de poder entender?

7. Vss. 34 y 35 ¿Qué fue el mensaje de Jesús en las parábolas? ¿Cuáles son las cosas escondidas desde la fundación del mundo?

Leamos Mateo 13:18-23
8. Cada persona debe considerar cuál tipo de tierra representa su corazón ahora mismo. Oren para que Dios les dé un corazón abierto para recibir la palabra.

Lección 33
Jesús visualiza el reino en las parábolas, segunda parte

Lectura: Mateo 13:24-52

Texto: Mateo 13:24 "Les presentó otra parábola diciendo: "El reino de los cielos es semejante a un hombre que sembró buena semilla en su campo."

Leamos las parábolas en este pasaje de nuevo, una por una, y tomen el tiempo de conversar sobre cada una. Usen las siguientes preguntas para encaminar la conversación.

¿Cuáles son las palabras de apertura de cada una de estas parábolas?

Mateo 13:24 a 30 y 36 a 43
1. *¿Quién inicia la venida del reino de Dios?*
2. *¿A quién le toca la cosecha y el juicio en el reino de Dios?*
3. *¿Cómo podemos evitar que la semilla de la Palabra no caiga en tierra llena de rocas en nuestras iglesias?*
4. *¿Produce cada semilla sembrada en tierra buena la misma cosecha? ¿Cuál será el significado de esto?*
5. *¿Ha llegado el reino de Dios? ¿O estamos esperando algo más evidente o más físico?*

Vss. 31 y 32
6. *¿Por qué no debemos desesperar si la iglesia no crece o si alguien no se convierte en dado momento?*
7. *¿Qué es lo que le toca a Dios y qué nos nuestra toca en cuanto al reino de Dios y su crecimiento?*

8. Vs. 33 ¿Cuáles partes de este mundo van a estar penetradas por el reino de Dios? Apunte ejemplos concretos.

Vss. 44, 45 y 46
9. ¿Cuáles son las bendiciones del reino de Dios?
10. ¿Qué valor tienen estas bendiciones?

11. Vss. 47 a 50 ¿Qué nos dice esta parábola en cuanto al juicio?

12. Vss. 51 y 52 ¿Cómo podemos saber que el reino de Dios existe hoy en día?

Conclusión:
13. ¿Cómo es que el reino de Dios nos afecta hoy?

14. ¿Podemos sentirnos esperanzados del mensaje de estas dos parábolas? ¿Cuál es la esperanza?

Recordemos que el reino de Dios es su soberanía sobre lo que Él creó. Es mucho más amplio que lo que podemos comprender. Pero, el más grande milagro es que Él nos induce a ser partícipes en su reino. Lo podemos buscar, lo podemos entrar, lo podemos recibir, y lo podemos heredar, pero jamás lo podemos poseer, establecer, construir, ni mucho menos nadie lo jamás lo podrá destruir. Es porque el reino es de Dios.

Terminemos la lección de hoy alabando a Dios porque él es el rey de este gran reino, quien merece toda la alabanza y gloria.

También pidamos perdón a Dios si tratamos de adueñarnos de su reino; cuando pensamos que lo podemos expandir o traer.

Finalmente, en las palabras de Jesús mismo, oremos que "venga tu reino, haga tu voluntad, en l

Lección 34
Jesús visualiza el reino en las parábolas, tercera parte: parábolas de la gracia, del perdón, y de la salvación

Lectura: Lucas 15:1 a 32

Texto: Lucas 15:4 "¿Qué hombre de vosotros, si tiene cien ovejas, y pierde una de ellas, no deja las noventa y nueve en el desierto y va tras la que se ha perdido, hasta hallarla?"

La parábola de la oveja perdida y la del hijo pródigo están entre las más conocidas y más amadas. Las dos proyectan un mensaje muy común en la Biblia y en la enseñanza de Jesús: se tratan de la gracia, el perdón, y la salvación.

Contestemos las siguientes preguntas a base de la lectura en Lucas 15.

1. Vss. 1 y 2: *¿Cuál fue la ocasión en que Jesús pronunció estas parábolas?*

Vss. 4 y 5 *Hablemos de las opciones que tendría el pastor de las ovejas:*

➢ Puede olvidarse de la oveja, porque "pues se perdió por mañosa y se merece las consecuencias".
➢ Puede esperar para ver si la oveja vuelva sola.
➢ Puede pensar en los 99 y el peligro de dejarlos en el campo, y por eso no ir a buscar la perdida.

2. *¿Por qué obvió estas opciones y fue a buscar la oveja perdida?*

3. *¿Qué refleja esta parábola en cuanto a la actitud y disposición de Dios para con la gente?*

4. Vs. 12 *¿Por qué es sorprendente lo que pidió el hijo y lo que hizo el padre en este versículo?*

5. **Vss. 14 a 16** *¿Por qué es que a veces Dios permite que "tocamos fondo"?*

6. **Vss. 17 a 19** *¿Piensan que fue auténtico el arrepentimiento?*

7. **Vs. 20** *¿Qué es sorprendente en la reacción del padre?*

8. **Vs. 21** *¿Por qué piensan que el hijo no pronunció la última frase de sus palabras preparadas? (Compare con los vss. 18 y 19)*

9. **Vs. 28** *¿Qué en este versículo demuestra el carácter del padre?*

10. **Vs. 32** *¿Cómo demuestra este versículo el carácter de Dios?*

11. *¿Qué es lo que falta en esta parábola? (Piensen el cómo termina el vs. 32)*

12. *¿Por qué termina así la parábola?*

13. *¿En qué forma fue esta parábola una advertencia a los líderes judíos, y cómo es también para nosotros hoy en día?*

14. *Pensemos en un título para esta parábola. Recordemos que los títulos dadas en las Biblias no son originales.*

Tomando en cuenta la lectura entera:

15. *¿Cuáles características de Dios percibimos de estas parábolas?*

16. *¿Cómo debemos nosotros responder cuando un miembro de la iglesia, un hijo, u otra persona cae en pecado, se va de la iglesia, o se descarrille?*

Lectura: Lucas 7:36-50

La parábola que Jesús pronunció solo ocupa dos versículos, 41 y 42. Pero vemos cómo Jesús usaba este medio de enseñanza en una forma apropiada para el momento.

17. *¿Cuál es el peligro para los que nos criamos en la iglesia, según esta parábola?*

18. *¿Qué ofrecen a la iglesia los que "a quienes más les perdonó"?*

Lectura: Mateo 20:1-16

Esta parábola nos puede producir varias reacciones, incluyendo un sentido de injusticia como lo tuvieron los que fueron contratados en las horas tempranas. A la misma vez, entendemos que el dueño tenía todo el derecho de hacer lo que hizo. Pero como quiera, no nos parece justo. Tampoco nos parece correcto la conclusión que Jesús da: *"los últimos serán los primeros, y los primeros serán los últimos"*. Es chocante porque nosotros preferimos que cada uno reciba lo que merece: que los que quedaron como últimos, ¡se queden así! Es lo que buscaron, pensamos. Y nosotros, si luchamos para ser los primeros, pues, ¡que así sea!

Pero la gracia de Dios da un giro opuesto a nuestro sentido de justicia y derecho.

19. ¿Por qué nos choca esta parábola?

20. Pero, ¿qué es lo que en verdad todos merecemos?

21. ¿Qué nos dice esto de la gracia de Dios?

Lectura: Lucas 14:15-24

Muchas veces pensamos que sabemos perfectamente cuales son los "salvos". Los líderes judíos también pensaban que lo sabían. Pero, por medio de esta parábola, Jesús les revertió su esquema tan ordenada y exclusiva de la salvación.

22. ¿Creen que fue bien recibido entre sus amigos y vecinos lo que hizo el hombre?

23. ¿Por qué normalmente no queremos incluir a la gente que fueron traída al banquete? ¿Merecen estar allí?

24. ¿Qué nos dice esto de la gracia de Dios?

Lección 35
Jesús demuestra el reino con poder

Lectura: Lucas 7:11 a 23

Texto: Lucas 7:22 "Id y haced saber a Juan lo que habéis visto y oído: Los ciegos ven, los cojos andan, los leprosos son hechos limpios, los sordos oyen, los muertos son resucitados, y a los pobres se les anuncia el evangelio."

Sabemos que Jesús hizo muchos milagros. Juan dice que Jesús hizo aún mucho más que lo que hay escrito (leamos Juan 21:25).

Pero, ¿por qué y para qué los hizo? La respuesta fácil es que los hizo para resolver las necesidades presentes en cada caso. Es verdad. Cuando se le presentaba una necesidad, Jesús actuó porque tuvo compasión. En los Evangelios, esto está expresado específicamente ocho veces, y está demostrado por los hechos muchas más veces.

Leamos los siguientes ejemplos de milagros que hizo Jesús y alguien diga cuál era la necesidad en cada caso, y cómo Jesús demostró compasión.
  1. *Marcos 1:23 a 26*
  2. *Marcos 2: 3 a 12*
  3. *Marcos 4:37 a 39*
  4. *Juan 6:1 a 13*

Pero, más allá de estas necesidades, ¿tuvo Jesús otro propósito o propósitos? Porque, podemos decir que, si era exclusivamente para satisfacer las necesidades, ¿por qué Jesús no sanó a todas las personas en el mundo entero? ¿Por qué no puso fin a todo el sufrimiento en el mundo? No lo hizo. Eso es porque Jesús tuvo otro propósito en hacer milagros.

Volvamos a los mismos milagros en los cuales Jesús respondía a necesidades y demostraba compasión para identificar otros propósitos que pudo haber tenido Jesús.

5. *Liberar al hombre endemoniado en Marcos 1: leamos Marcos 1:27.*

6. *Sanar el paralítico en Marcos 2: leamos Marcos 2:10.*

7. *Calmar la tormenta en Marcos 4: Leamos Marcos 4:40 y 41.*

8. *Alimentar a los cinco mil en Juan 6: leamos Juan 6:14 y 35*

También, cada uno de estos milagros demuestra que Jesús tiene poder sobre distintas esferas del universo y de la vida. Por ejemplo, en el caso de sanar al paralítico, Jesús dice claramente que fue para demostrar que tenía poder sobre el pecado.

Para los otros tres, conversemos sobre qué esfera Jesús tiene poder:

9. *Liberar al hombre endemoniado demuestra que Jesús tiene poder ¿sobre qué?*

10. *Calmar la tormenta demuestra que Jesús tiene poder ¿sobre qué?*

11. *Alimentar a los cinco mil demuestra que Jesús tiene poder ¿sobre qué?*

Hay otro motivo de los milagros que debemos considerar, al cual Jesús ya había dado una pista cuando leyó la porción del rollo del profeta Isaías en la sinagoga de Nazaret.

Leamos Lucas 4:16 a 21. ¿Qué tiene que ver esta lectura con los milagros que Jesús hacía?

12. *¿Qué quería decir Jesús en el vs. 21?*

13. *¿Qué relación tiene esto con lo que dice Jesús en Lucas 4:43?*

14. *Ahora, leamos de nuevo Lucas 7:18 a 23. Según Jesús, ¿qué significaban los milagros que él hacía? ¿Qué anunciaban?*

Uno cree que, si alguien hace buenas obras, sanando y liberando gente, multiplicando el pan, y cosas semejantes, todo el mundo va estar de acuerdo. Pero, lamentablemente, no es así. En el caso de Jesús, los milagros a veces generaron oposición.

Leamos los siguientes versículos y alguien diga cuál fue la oposición que se produjo, y por qué.

15. Marcos 3:1-6

16. Juan 11:47 y 48

17. Juan 12:9 a 11

18. Mateo 27:18

19. ¿Por qué es cuando alguien hace una buena obra, hay personas que lo critican o se oponen a él?

20. ¿Por qué los líderes religiosos y políticos irían en contra de alguien como Jesús? ¿Qué amenaza le representaba?

Recuerden que Jesús había declarado su misión en proclamar y demostrar el Reino de Dios con poder. Esto significaba que iba a tener que enfrentar a los poderes injustos, los que mantienen al pueblo bajo su control, marginado, en miedo, servil. Ahora vemos porque ellos se opusieron a él. El reino que Jesús representaba iba a dislocarlos del poder que tenían. Pero ¿cómo fue que Jesús enfrentó la injusticia, la marginalización, y el mal en general?

A veces tratamos de enfrentar la injusticia, la opresión, y la maldad con fuerza, atacando, reaccionando hasta con violencia. Pero Jesús no lo hizo así. Él usó la no-violencia en todo su ministerio. Aplicó el principio de "No hacer daño" en todo lo que hacía. En el caso del endemoniado en la sinagoga, ¡el hombre estaba en la misma iglesia, y nadie hizo nada para ayudarlo! Solo Jesús lo hizo. En el caso de la mujer con el flujo de sangre, esto lo había empobrecido e hizo que estuvo rechazado de la sinagoga por "impura", pero Jesús la sanó. En el caso de los leprosos, Jesús mismo los acercaba y tocaba, aunque era prohibido por la ley hacerlo.

El poder que demostraba Jesús no era uno poder político, militar, económico, del estatus social, de las masas, ni aun era el poder religioso. Más bien era y es el poder del Reino de Dios, el poder del Espíritu Santo, el poder de la Palabra de Dios, y a favor de aquellos que son impotentes, marginados, y excluidos.

21. ¿Qué poder tenemos como cristianos?

22. ¿Dónde podemos usar ese poder a favor de los impotentes?

Cuando te sientes impotente, nos acercaremos a Jesús, incluso si tenemos que acercarnos sigilosamente a él, sabiendo que sólo por tocarlo hay poder.

Lección 36
Jesús es transfigurado en gloria y poder

Leamos; Mateo 17:1 a 13.

Texto: Mateo 17:2 "...fue transfigurado delante de ellos. Su cara resplandeció como el sol, y sus vestiduras se hicieron blancas como la luz."

Imaginemos estar allí en este escenario y ver esta revelación de gloria y poder.

Por fin, Jesús se revela gloriosamente, con un aspecto que impactaría al mundo entero. ¡Su rostro resplandece como el sol! ¡Sus vestidos brillan como la misma luz! ¡Estamos bañados de luz como una nube! Y, allí con él, ¡dos de los más grandes héroes de Israel, vueltos a la tierra! Y para el colmo, ¡Dios el Padre no habla desde la nube!

Hasta este momento, no ha habido nada tan grande. Los milagros han sido maravillosos, y aun espectaculares. Pero, había otros que hacían milagros. Hubo otros maestros que impresionaban con su sabiduría. Pero, nadie jamás ha hecho lo que Jesús hizo en esa montaña. Nadie ha resplandecido como la luz del sol, ni aún Moisés al bajar del Monte Sinaí hace mil trecientos años. Moisés jamás había se presentado, ni Elías.

Ahora, todos sabrán que él es el Cristo, el Hijo de Dios, el Señor de señores, y el Rey de reyes. Este es lo que sus discípulos estuvieron esperando: el momento de gloria, lo toma de poder, el éxito, y la victoria.

Pero, hay un solo inconveniente. Para que este gran suceso tener el impacto que merece, tiene que haber un público más o menos amplio. Para que este bombazo llevar a Jesús y sus discípulos al éxito, a la victoria, tiene que ser visto por las multitudes, e incluso por los líderes religiosos, políticos, y militares.

Pero no fue así. Solo hay tres testigos, Pedro, Jacobo, y Juan. Ni Moisés ni Elías se quedaron para presentarse luego del hecho. Se quedaron los cuatro de ellos, Jesús y los tres discípulos, solos en la montaña, igualitos como estaban antes.

Y, ¿ahora qué? Pues, por lo menos, ellos cuatro iban a poder testificar sobre lo que pasó, y ¿quién sabe?, si logran convencer a los demás, o mejor todavía, que Jesús repita el espectáculo, pues, puede ayudar establecer el reino de Dios con poder, ¿verdad?

Mientras estamos leyendo esto, hoy, dos mil años después, sabemos que no fue así. Jesús mismo, al momento de bajar de la montaña, les dijo a esos tres discípulos que no debían de repetir nada de lo que habían visto a nadie, hasta después de que Jesús hubiese resucitado.

Preguntas de conversación:
1. *¿Por qué Jesús insistió en mantener esto como un secreto?*
2. *¿Cuáles otras veces insistió Jesús en mantener algo como un secreto?*
3. *¿Por qué no quiso manifestar públicamente todo esto?*
4. *¿No quería revelar su poder y gloria? ¿No quería que la gente supiera quién era él?*
5. *¿No quería inaugurar el reino de Dios?*

Las respuestas de estas preguntas revelan algo clave de la misión de Jesús, de su propio concepto del poder y de la gloria, y lo que él desea que nosotros entendemos del reino que él vino a establecer.

El reino no iba ser de un poder que se impone, ni una gloria para impresionar. Jesús no iba a asumir un trono ni político, ni militar, ni aún religioso, por lo menos, no un trono terrenal. En el pasaje inmediatamente antes de este, al final de Mateo 16, él había anunciado por primera vez que iba a Jerusalén para morir. Pero, no iba a entrar a Jerusalén, en centro de estos poderes, con la cara resplandeciente. Ni aun iba a hacer un milagro en Jerusalén. No iba a Jerusalén con estos fines. Iba con otro fin. Y lo dice otra vez en el versículo 12.

Observamos la reacción de Pedro en la montaña: *"sería bueno establecer esto como algo fijo: concentrar el poder y la gloria aquí."* Tal vez pensaba que así pudo comenzar a establecer el reino en este lugar, pues, porque todo el mundo iba a querer venir a ver esto. Tal vez, sencillamente, quería que el espectáculo siguiera para gozar de ello un poquito más. Como quiera, lo que Pedro sugiere es algo común para las personas: tener algo de ese poder y gloria en nuestras manos.

Preguntas de conversación:
  6. *¿Por qué Pedro quería hacer las tres enramadas?*
  7. *¿Qué revela esto de la forma en la gente trata con el poder y la gloria?*
  8. *¿Por qué era tan importante que Pedro, Jacobo y Juan presenciaran el encuentro?*
  9. *¿Cómo es el reino que Jesús vino a inaugurar?*
  10. *¿Con qué propósito iba Jesús a Jerusalén?*

Las palabras desde la nube aclaran el enfoque correcto: en Jesús, en quién es, y en lo que él dice. Son una confirmación, incluso una repetición, de las palabras pronunciadas en el bautismo de Jesús: que era el hijo amado del Padre. Ahora, hay otro punto: *"a él oíd"*, dice.

Que nosotros también podamos enfocarnos en Jesús, en quién es, en su misión, y en sus palabras, en vez de enfocarnos en la gloria, las luces, los héroes de la fe, en el poder y en el espectáculo.

Terminemos la lección de hoy orando a Dios, pidiendo que nos ayude a enfocarnos en Jesús, a comprender su misión, a seguirle en su senda, y a oírle.

Lección 37
El liderazgo del reino

Lectura: Marcos 10:35 a 45

Texto: Marcos 10:45 "Porque el Hijo del Hombre tampoco vino para ser servido, sino para servir y para dar su vida en rescate por muchos."

Encontramos a Jesús anunciando su muerte a sus discípulos por tercera vez, y en esta ocasión, con un lujo de detalles de cómo iba a tener que sufrir.

De una vez, encontramos algo que parece muy al contrario de lo que Jesús acaba de decir: la petición de la madre de Jacobo y Juan, para que ordene que ellos se sentaran a su diestra y siniestra en su reino.

A veces, me pregunto si ellos no estaban escuchando minutos antes cuando Jesús dijo que iba ser entregado, condenado, escarnecido, azotado, y crucificado. Tal vez, ellos hicieron caso omiso a esta parte, y brincaron a la última parte, en que Jesús dijo que iba a resucitar al tercer día. Visualizaba este suceso como un último triunfo muy público, a la vista de todos, con que se iba a inaugurar un reino de gloria y poder. No entendieron ni qué Jesús quería decir, ni mucho menos qué tipo de reino era que aspiraban asumir.

Cualquier de nosotros perderíamos la paciencia con estos discípulos. Jesús, sí, se frustraba con ellos, pero nunca los renunció. Tomó la oportunidad para establecer qué tipo de liderazgo existía en el reino de los cielos, y así avanzar el proceso de discipular a estos seguidores suyos para estar preparados para ser líderes en este reino.

1. *¿Qué tipo de puesto estaban esperando, esto discípulos?*

2. *¿Qué indica que ellos no entendieron lo que estaba pidiendo?*
    (Veamos el vs. 22)

Antes que burlamos a estos dos discípulos ingenuos, vemos que el en versículo 41, los demás se enojaron con ellos.

3. ¿Por qué se enojaron los otros discípulos? ¿Fue porque la petición era errada, o, fue por otro motivo?

El hecho es que todos ellos tienen sus propias ambiciones para ser "la mano derecha o izquierda", si tenía que ver con tener poder en el reino. No era asunto de dos de ellos, eran todos. Pero, tampoco eran esos doce discípulos que maquinaban para estar "arriba". Es algo muy humano, algo común para todas las personas.

Reflexionemos:
4. ¿Qué hubiera hecho yo si estuviera allí? ¿Cómo hubiera sentido o reaccionado? ¿Busco yo también este tipo de posición o reconocimiento? Seamos honestos con nosotros mismos.

Hay un concepto muy común entre la gente, de que "el mundo es así", y no hay otra forma. En el mundo, los fuertes son los que dominan. Los débiles tienen que someterse. Es lo que Jesús describe en el versículo 42. ¡Todo el mundo sabe eso! Él que no lo sabe, o que no se ajusta a esta realidad, pues, sufrirá las consecuencias.

Pero Jesús voltea esta sabiduría mundana con seis simples palabras en el versículo 43.

"Pero no será así entre vosotros."

¡Esto es una revolución! ¡Es radical! Es la forma de liderazgo en el reino de Dios.

De allí en adelante, Jesús describe la diferencia entre el liderazgo humano y el liderazgo del reino de los cielos.

Leamos los siguientes versículos y conversemos sobre cómo es el liderazgo del reino de los cielos.
5. Leamos Marcos 10:43 y 44: ¿Cómo es un líder en el reino de los cielos?

6. Leamos el vs. 45: ¿Cómo describe Jesús su propia forma de liderazgo?

7. *¿Cómo debemos imitar a Jesús? ¿Sería fácil?*

8. *Leamos Mateo 18:1-6. ¿Qué ambición tenían los discípulos?*

9. *En el versículo 4, ¿a cuáles características de un niño refería Jesús?*

Terminemos la lección de hoy orando, confesando nuestro orgullo y nuestras ambiciones, y pidiendo que Dios los transforme en actitudes y deseos conforme a su reino.

Lección 38
Los dos mandamientos más grandes

Lectura: Mateo 22:34-40

Texto: Mateo 22:40 "De estos dos mandamientos dependen toda la Ley y los Profetas.

A veces, solo queremos saber lo que es lo más importante. Por ejemplo, cuando compramos un nuevo teléfono celular, normalmente no leemos todas las instrucciones, avisos, y otras informaciones que trae. Solo queremos saber cómo se enciende. Cuando vamos a algún lugar donde nunca hemos ido, no queremos saber todas las posibles rutas o formas de llegar, ni todos los detalles sobre el lugar. Solo queremos saber cómo llegar.

Es así en la fe también, que, aunque hay mucho que saber, a veces solo queremos saber lo más importante. Eso es lo que vinieron preguntando a Jesús en varias ocasiones.

Vamos a comparar los textos de los tres Evangelios que relatan esta historia. Aquí, Mateo y Marcos 12:28-34 relatan la misma historia con algunas variaciones, y en Lucas 10:25-28 hay una historia similar. Todos citan Deuteronomio 6:5, que dice, *"Ama al Señor tu Dios con toda tu fuerza, con toda tu alma y con todo tu corazón."*

Es interesante que cada declaración del gran mandamiento varia en algo.

Vamos a compararlos y determinar las diferencias:

1. *¿Con qué dice Deuteronomio 6:5 que hay que amar a Dios?*
2. *¿Con qué dice Mateo 22:37 que hay que amar a Dios?*
3. *¿Con qué dice Marcos 12:30 que hay que amar a Dios?*
4. *¿Con qué dice Lucas 10:27 que hay que amar a Dios?*
5. *¿Cuáles palabras tiene en común, y cuáles son diferentes?*

6. ¿Qué podemos concluir de estas similitudes y diferencias?

7. ¿Quién repitió la cita en Mateo y Marcos? ¿Quién lo hizo en Lucas?

El conjunto de todos estos textos da un sentido más amplio del mandamiento: cuando dice "todo", significa, ¡TODO! Fuerza, alma, corazón, y mente – la totalidad del ser humano.

Este es, según Jesús, el más grande de los mandamientos. No es difícil creerlo, pues, se repite en varias formas por lo menos 12 veces en el libro de Deuteronomio. Pero, también Jesús estaba claro que no era toda la ley. Era un resumen, pero, solo de una parte de la ley. La ley tiene dos partes, y ambas son esenciales.

Leamos Deuteronomio 5:6 a 21.

8. En los versículos 6 a 15, ¿las leyes refieren a hechos relacionados con quién? O sea, al obedecer estas leyes, ¿a quién se estaba amando?

9. En los versículos 16 a 21, ¿a quién se estaba amando?

Con esto vemos las dos partes. La primera refiere a amar a Dios, y la segunda refiere a amar a nuestro prójimo. Por eso, Jesús siguió con su explicación de la ley así: (Leamos otra vez Mateo 22:39).

Son dos partes de la misma ley, dos partes que forman una unidad. Juntas son una misma cosa, la ley más importante. No se las pueden dividir, pues, si se hace, se daña todo. Si se intenta dividirlas, o separarlas, o hacer una sin la otra; las dos se dependen. Es por eso que Jesús contestó una pregunta en singular, *"¿Cuál es el gran mandamiento de la ley?"*, con este resumen con dos partes.

>**Primero: ama a Dios con todo.**
>**Segundo: ama a tu prójimo como a ti mismo.**

Juntas estas dos leyes forman la ley más importante. Y concluyó con el versículo 40:

"De estos dos mandamientos dependen toda la ley y los profetas."

Ahora, vamos a examinar exactamente lo que estos dos mandamientos exigen. Notemos que no son sobre los comportamientos externos, o sea, obediencia externa. No es solo, "No haga esto ni aquello". La ley no solamente prohíbe crímenes grotescos, no solo establece comportamientos externos.

10. ¿Qué es lo que exigen estos dos mandamientos?

11. ¿Tiene que ver con acciones también?

Tenemos que amar, y vivir conforme a este amor. Esto es lo más importante.

Pero aun antes de esto, tenemos que recordar lo que dice Deuteronomio 5:6 (Leámoslo de nuevo).

12. Según este versículo, ¿qué vino primero, la ley o la salvación que Dios efectuó?

13. Leamos 1 de Juan 4:19: ¿Qué nos da la capacidad de amar?

Terminemos la lección de hoy dando gracias a Dios por su amor, por su salvación, y también por su ley. También, pidamos que nos ayude a amarle con todo lo que somos, y amar a nuestros prójimos como a nosotros mismos.

Así, cumplimos con lo más importante.

Lección 39
Camino a Jerusalén

Lectura: Lucas 9:51

Texto: Lucas 9:51 "Aconteció que, cuando se cumplía el tiempo en que había de ser recibido arriba, él afirmó su rostro para ir a Jerusalén."

Los Evangelios dedican casi la mitad de su contenido al último acto en la vida de Jesús, su viaje a Jerusalén, y especialmente la última semana antes de su muerte. En Lucas, el viaje inicia a partir del capítulo 9, versículo 51, en un libro de 24 capítulos. Eso es porque los eventos relatados allí son de máxima importancia en la historia de la salvación, y son el corazón del evangelio, y por eso, les dedicamos las últimas doce lecciones de este libro.

1. Según el texto de esta lección, ¿sabía Jesús qué le esperaba en Jerusalén?

2. ¿Cuál fue su actitud en cuanto a este viaje?

Leamos los siguientes pasajes y contestemos las preguntas que siguen:

➢ *Mateo 16:21*

➢ *Mateo 17:12*

➢ *Mateo 17:22 y 23*

➢ *Mateo 20:17 a 19*

➢ *Mateo 26:1 y 2.*

3. ¿Cuántas veces explicó a sus discípulos qué tenía que pasar con él?

4. ¿Cuáles fueron las reacciones de los discípulos cada vez?

   a. En Mateo 16:22

b. *En Mateo 17:23*

c. *En Mateo 20:20 en adelante*

5. *¿Por qué les fue tan difícil aceptar lo que Jesús les decía?*

Volvamos a leer Mateo 20:18, y notemos que dice que Jesús iba a "subir" a Jerusalén. Eso es porque *"El Mar de Galilea está aproximadamente a 200 metros debajo del nivel del mar, mientras que la altura de Jerusalén es de 760 metros sobre el nivel del mar."* (pg. 4, *Jesús de Nazaret II* por Joseph Ratzinger).

Volvamos a leer Mateo 26:2, y notemos que se acercaba la pascua. Ahora, leamos sobre el trasfondo histórico de esta fiesta en Éxodo 12:1-20.

6. *¿Cuál fue el motivo de esta fiesta?*

7. *¿Cuáles eran las fechas para celebrarla?*

8. *¿Qué tuvieron que hacer los judíos?*

Leamos 1 de Corintios 5:7 y 8.

9. *¿Qué relación hay entre la pascua judía y Jesús?*

Leamos Juan 11:38 a 57.

10. *¿Cuáles distintas reacciones provocó la resurrección de Lázaro?*

11. *¿Qué efecto tuvo esto en los movimientos de Jesús?*

La entrada de Jesús a Jerusalén
Leamos los textos bíblicos en el siguiente recuadro y especifiquemos el suceso y el lugar donde ocurrieron los hechos que se mencionan.

Texto bíblico	Suceso	Lugar
15. Mateo 21:1, 2	Obtiene un pollino prestado.	
16. Mateo 21:8		
17. Lucas 19:37, 38		
18. Lucas 19:41		
19. Mateo 21:10		
20. Marcos 11:11		
21. Mateo 21:12 y 13		
22. Marcos 11:11		

Leamos Zacarías 9:9, y conversemos sobre lo que es sorprendente o diferentes en la forma que la profecía.

Leamos los siguientes versículos y describamos las reacciones de los líderes religiosos:

23. Mateo 21:15

24. Juan 12:19

25. Mateo 26:3 a 5

Podemos entender que los líderes religiosos estuvieran preocupados, pues, vieron claramente que Jesús representaba un cambio y aun una amenaza. Lo que no se puede jamás justificar son las decisiones y las acciones que tomaron para eliminar a Jesús y aun a Lázaro.

Terminemos la lección de hoy dando gracias a Dios por Jesús y su firmeza en cumplir la misión a la cual fue enviado.

Lección 40
El camino al fin

Lectura: Mateo 24:1 a 46

Texto: Mateo 24:14 "Y este evangelio del reino será predicado en todo el mundo para testimonio a todas las razas, y luego vendrá el fin."

El tema que es tal vez el más "caliente" de todos los tiempos es el tema del futuro. La gente siempre está interesada en lo que va a pasar, o lo que podría pasar, en algún tiempo. Muchas veces es una preocupación o un temor sobre un posible desastre o una tragedia personal, o sobre algo más grande como el fin de la civilización o aún el fin del mundo. Esto se ve en la literatura, y en las películas y en la televisión. Hay tantas películas de desastres, del fin del mundo, de los zombis, de las guerras nucleares, etc.

1.   ¿Por qué la gente le gustan tanto las historias futuristas, del fin del mundo, etc.?

Tal como es tema en el mundo del entretenimiento, también lo es en cuanto a la fe. De hecho, la mayoría de las religiones mundiales tiene el fin o el futuro como temas importantes, El cristianismo no es excepción; es uno de los temas más importantes de nuestra fe.

Se nota un gran interés en el tema en los libros proféticos del Antiguo Testamento, y en nuestra lectura de hoy, vemos que Jesús pronunció abundantemente sobre el tema. Vamos a examinar su mensaje.

En nuestra lectura de Mateo 24, Jesús pronunció una profecía muy chocante para sus discípulos, al decir que ninguna de las piedras del templo se iba a quedar encima de otra. El templo era un lugar tan importante, tan céntrico para la nación judía, que no podían imaginar que tal cosa sucediera.

2.   ¿Por qué Jesús quería advertir a sus discípulos, y a nosotros, sobre lo que iba a pasar?

3.   *Mencionemos algunas de las señales que Jesús dio en su discurso, en los versículos 4 hasta 44.*

4.   *Volvamos a leer los versículos 6 a 8: ¿Dijo Jesús que estas eran las señales del fin?*

5.   *Leamos de nuevo el versículo 14: ¿cuál es la única señal que Jesús dijo que indicara que vendría el fin?*

6.   *¿Cuál es la promesa más grande que Jesús nos da en este discurso? Consideremos el versículo 30.*

7.   *Ahora volvamos a buscar en la lectura completa para identificar lo que Jesús dijo que debíamos hacer. Busquemos los mandatos y otros tipos de instrucciones. Por ejemplo, veamos los vss. 4, 13, 14, 16, 17, 20, 23, 26, 33, 42, y 44.*

Lectura: Mateo 25:1 a 13

8.   *En esta parábola, ¿cuál es el mensaje principal? Recordemos de las lecciones anteriores cómo interpretar las parábolas, e identificar el versículo donde se encuentra esta enseñanza.*

9.   *¿Cómo podemos cumplir con esta enseñanza en nuestra vida diaria?*

Lectura: Mateo 25:31 a 46

10.   *¿Cuál es la enseñanza principal de esta lectura?*

11.   *¿Cómo podemos cumplir con esta enseñanza en nuestra vida diaria?*

12.   *¿Qué consuelo y esperanza nos dan estas dos parábolas?*

Vemos Jesús se preocupó por dejar a sus discípulos advertidos y preparados para lo que venía, porque era una preocupación de ellos y no iba a ser fácil. Nosotros también tenemos que acatar a sus palabras para que podamos perseverar como ellos lo hicieron.

Terminemos la lección de hoy dándole gracias a Jesús por sus promesas y garantías, y pidiendo que nos ayude a estar sirviéndole hasta que él venga.

Lección 41
Camino a la cruz

Lectura: Mateo 26:1 a 16

Texto: Mateo 26:2 "Sabéis que después de dos días se celebra la Pascua, y el Hijo del Hombre va a ser entregado para ser crucificado."

Durante la semana antes de su crucifixión, Jesús estuvo en Jerusalén con sus discípulos, y tuvo muchos intercambios con ellos y con otras personas, incluso con los líderes religiosos. Ya los líderes religiosos se oponían a Jesús, y aun habían declarado sus intenciones de matarlo. Pero, Jesús no se escondió, ni intentó escapar de ellos. Siguió su ministerio. Iba todos los días al templo, anduvo abiertamente en la ciudad, y hablaba claramente.

1.   *¿Cómo hubieran reaccionado los discípulos a lo que dijo Jesús en el versículo 2? Recordemos de otras ocasiones similares.*

2.   *Leamos Mateo 21:12 y 13. ¿Por qué Jesús hizo esto, según sus propias palabras?*

3.   *Leamos los siguientes versículos y describamos las reacciones de los líderes religiosos:*
   ➢ *Mateo 21:15*
   ➢ *Juan 12:19*
   ➢ *Mateo 26:3 a 5*

4.   *¿Por qué querían los líderes religiosos matar a Jesús? Recordemos lo que Jesús había hecho y dicho, y otros sucesos anteriores.*

Leamos Mateo 21:33 a 46.

5.   *¿Por qué esta parábola provocó una reacción a los líderes religiosos? Conversemos sobre cómo la hubieran entendido.*

Leamos Mateo 23:1 a 36 de manera individual y silenciosa.

6.   *¿Cuántas veces pronunció Jesús "Ay de vosotros"?*

7.   *¿Sobre quiénes lo pronunció?*

8.   *Mencionemos algunas otras palabras que Jesús usó para referirse a ellos.*

9.   *Mencionemos las acusaciones y críticas que dirigió Jesús a ellos.*

10.   *¿Qué reacción provocaría este tipo de discurso entre los líderes religiosos? Y, ¿entre los líderes políticos?*

11.   *¿Cómo llamaríamos este tipo de discurso hoy en día? ¿Recuerden algos casos en que alguien mantuvo un discurso crítico a los líderes religiosos y/o políticos en nuestro país? ¿Qué le(s) pasó?*

Volvamos a leer Mateo 26:1 a 13.

12.   *¿Por cuál razón ungió la mujer a Jesús?*

13.   *¿Por qué se enojaron los discípulos en los versículos 8 y 9?*

14.   *¿De qué manera era algo escandaloso lo que hizo la mujer?*

15.   *¿De qué manera era la reacción de Jesús escandaloso?*

16.   *¿Qué explicación hizo Jesús en el versículo 12? ¿Qué importancia tendría esto después de pocos días?*

17.   *¿Era posible que la mujer sabía que Jesús iba a morir?*

18.   *¿Cuál otra importancia señaló Jesús que este evento tenía?*

19.   *Expliquemos cómo se ha cumplido esta profecía.*

Es interesante que en Juan 12:1 a 8 está registrado en evento similar pero con varias diferencias notable. Comparemos los eventos y contestemos las preguntas abajo:

20.   *¿Cuándo ocurrió según Mateo 26:2? Y ¿según Juan 12:1?*

21.   *¿Dónde ocurrió según Mateo 26:6? Y ¿según Juan 12:1 y 2?*

22.   *¿Quién ungió a Jesús según Mateo 26:7? Y ¿según Juan 12:3?*

23.   *¿Cómo lo ungió según Mateo 26:7? Y ¿según Juan 12:3?*

24.   ¿Quién o quiénes se quejaron según Mateo 26:8? Y ¿según Juan 12:4?

25.   A base de esta comparación, ¿podemos concluir que era un mismo evento, o eran dos eventos distintos?

Leamos Mateo 26:14 a 16:

26.   ¿Por cuál razón ofreció Judas a entregar a Jesús? Consideremos lo que dice en el versículo 15, pero también otros textos, como Juan 12:4 a 6.

27.   ¿Podría haber tenido otra motivación?

Terminemos la lección de hoy dando gracias a Jesús por su firmeza y propósito, por su discurso claro sobre lo que era malo, y también por lo que hizo la mujer para honrar a Jesús.

Lección 42
El camino de la comunión

Lectura: Mateo 26:17 a 29

Texto: Mateo 26:18 "Él dijo: --Id a la ciudad, a cierto hombre, y decidle: "El Maestro dice: 'Mi tiempo está cerca; en tu casa voy a celebrar la Pascua con mis discípulos."'"

Comer con otras personas es algo muy especial. Es una confirmación de una relación cercana en la cual hay confianza, seguridad, compañerismo, generosidad, libertad, y amistad, entre otras cosas. Es cuando se cementan acuerdos, perdonan ofensas, comparten secretos, cuentan historias, se ríe, se regocija, llora, etc. Es así en todas las culturas, y es muy fuerte en las del Medio Oriente, incluyendo en la cultura judía.

Cuando Jesús se recostó para comer... Espérese: ¿Cómo se recostó para comer? Sí, se recostó. O podríamos decir, se reclinó. Eso es porque en el mundo antiguo, era así que la gente comía, reclinada, no sentada. Por un lado, no existían las mesas y las sillas como tenemos hoy en día. La comida se servía en bandejas encima de alfombras sobre el piso, y la gente se reclinaba en cojines y almohadas también en el piso, y comía así. Imaginemos un escenario bajo una carpa en el desierto, con los camellos afuera, y así estaremos claros.

Nuestras Biblias, lamentablemente, no traducen correctamente la palabra *"recostar"* en Mateo 26:20, ni los otros Evangelios sinópticos, y en su lugar, han usado la palabra *"sentar"*. Pero en el idioma original del Nuevo Testamento, el griego, estos textos dicen claramente que Jesús y sus discípulos estaban recostados aquella cena. Solo en **Juan 13:23 y 25 (leamos)** encontramos que estaban recostados. No aparece tampoco la palabra *"mesa"* en ninguno de los relatos en el idioma original. Sabiendo este elemento cultural nos refuerza el sentido de intimidad del momento. Estaban comodísimos allí, recostaditos, celebrando juntos la pascua.

Juan también, en los versículos que leímos, nos revela la intimidad y cercanía que existía en la cena. Juan 13:23 dice que el discípulo que Jesús amaba estaba recostado *"al lado"* de Jesús. Pero, esta traducción tampoco en correcta, porque la palabra en griego allí significa regazo o costado. O sea, estaba pegado a Jesús, literalmente, en contacto físico. Y en el versículo 25, se acercó aún más a Jesús, al mismo pecho, para preguntarle en privado quién era quien le iba a traicionar.

La pascua constituía de una cena conmemorativa del acontecimiento constitutivo de la nación judía, el éxodo de las tribus de Israel desde Egipto. En dicha cena, comían el cordero pascual, sacrificaba para este fin, y el pan sin levadura, y tomaba un vino especial. Jesús renovó esta cena, dándole un nuevo significado, una conmemoración de muerte.

Vamos a revisar varios de los relatos de la institución de la cena del Señor y contestar las siguientes preguntas:

1. *Leamos Lucas 22:15 y 16: ¿Qué indica esto de la importancia de esta cena?*
2. *¿Por qué Jesús deseaba tanto compartir esta pascua con sus discípulos?*
3. *Leamos Juan 13:1 a 17: ¿Por qué Jesús lavó los pies a sus discípulos?*
4. *¿Cuándo lo hizo, antes o después de presentar la copa y el pan? Ayuda considerar cuándo Jesús anunció la traición de Judas. Compara Juan 13:4 y 21 con Mateo 26:21.*

   Volvamos a Mateo 26:20 a 29:
5. *¿Cuáles son las seis acciones que Jesús hizo en los versículos 26 y 27?*
6. *En el versículo 28, ¿a qué se refería Jesús con las palabras "nuevo pacto"? ¿Recordemos de estas palabras en el Antiguo Testamento? Pueden hacer una búsqueda en una aplicación de la Biblia o en una página de la Web.*
7. *¿Quiénes comieron de la cena del Señor? Indiquemos a quiénes se refiere cada uno de estos versículos:*
   a. *Mateo 26:25*

   b.   *Mateo 26:31*
   c.   *Mateo 26:34*
8.   *¿Quiénes son aptos para tomar la cena del Señor, según lo que leímos en este pasaje?*
9.   *¿Qué significa la cena del Señor para nosotros hoy en día? Tomemos un tiempo para darle la oportunidad a cada persona que desea compartir sus pensamientos con el grupo.*

Terminemos la lección de hoy dando gracias a Jesús por la bendición de la cena del Señor, que podemos participar por su abundante gracia.

Lección 43
Camino a la condena

Lectura: Mateo 26:36 a 56

Texto: Mateo 27:31 "Y cuando se habían burlado de él, le quitaron el manto, le pusieron sus propios vestidos y le llevaron para crucificarle."

Hay muchas injusticias en el mundo, pero entre las peores están una persona solidaria que es abandonada por sus compañeros, una persona de confianza traicionada por un amigo, un ciudadano ejemplar sacrificado en un complot a un enemigo, o un inocente condenado a muerte.

Todo esto y más sufrió Jesús.

Los cuatro Evangelios relatan la historia de cómo Jesús fue traicionado por uno de sus doce discípulos, abandonado por todos ellos, negado tres veces por uno de ellos, juzgado ilegal e injustamente por sus propios líderes religiosos, burlado y golpeado con crueldad por soldados paganos, y, condenado y dado a muerte por un régimen invasor.

Leamos los siguientes versículos y comentemos sobre lo que Jesús sufrió.
1. *Mateo 26:47 a 50*

2. *Mateo 26:60*

3. *Mateo 26:66*

4. *Mateo 26:67 y 68*

5. *Mateo 26:69 a 75*

6. *Mateo 27:18*

7. *Mateo 27:21 a 23*

8. *Mateo 27:24*

9. *Mateo 27:26*

10. Mateo 27:27 a 30

Luego de leer todos estos versículos, podemos ver cuánto Jesús sufrió. Tal vez lo que nos sorprende más es que Jesús se sometió de manera voluntaria a todo esto.

Leamos estos versículos y contestemos las siguientes preguntas.

➢ *Mateo 20:28*

➢ *Juan 10:15 a 18*

11. ¿Por qué causa sufrió Jesús?

12. Dado que Jesús sufrió tanto, y lo hizo por nosotros, ¿cómo debemos reaccionar?

Lección 44
Camino a la muerte

Lectura: Mateo 27:26 a 56

Texto: Mateo 27:50 "Pero Jesús clamó otra vez a gran voz y entregó el espíritu."

Actividad:

1. Pida a los participantes que digan de memoria, sin buscar en la Biblia, algunas de las siete palabras que Jesús pronunció en la cruz.

2. Ahora, digan de memoria algunos de los cuatro acontecimientos extraños que ocurrieron mientras Jesús estaba en la cruz. (Ejemplo: el sol se oscureció al medio día.)

Ahora, leamos las cuatro citas bíblicas de Jesús en cruz, para descubrir estos temas.

➤ **Mateo 27:34 a 55**
➤ **Marcos 15:23 a 42**
➤ **Lucas 23:33 a 49**
➤ **Juan 19:18 a 37**

3. ¿Cómo demuestran los siguientes versículos que Jesús murió?

➤ *Marcos 15:44 y 45*

➤ *Juan 19:32 a 34*

➤ *Juan 19:35*

4. Leamos Hechos 2:23 ¿Por qué Jesús tuvo que morir?

5. Leamos Deuteronomio 21:23, Gálatas 3:13 y 1 Pedro 2:24 ¿Por qué Jesús tuvo que morir en esa forma de muerte tan penosa y cruel?

6. Leamos Hebreos 9:12 ¿Qué efecto tuvo la muerte Jesús?

7. A base de todo lo que hemos estudiado hasta ahora sobre la vida de Jesús, ¿por quiénes murió Jesús?

Terminemos la lección de hoy dándole gracias a Jesús por su sacrificio en la cruz, pidiéndole perdón por los pecados nuestros, y dedicando nuestra vida a él.

Lección 45
Camino a la tumba

Lectura: Mateo 27:50 a 66

Texto: Mateo 27:60 "...y lo puso en su sepulcro nuevo, que había labrado en la peña. Luego hizo rodar una gran piedra a la entrada del sepulcro, y se fue."

Era costumbre entre los judíos que nadie debía permanecer colgado en una cruz durante el día sábado. Por eso, unos varones piadosos, entre los cuales estaba José de Arimatea, vinieron a pedir permiso para dar sepultura al cuerpo del Señor. Era viernes y Jesús fue puesto en una tumba nueva.

1. *¿Quién era José de Arimetea?*

2. *Al encargarse de sepultar a Jesús, ¿qué fue que demostró en cuanto a su fe?*

3. *¿En qué sentido fue un riesgo lo que hizo?*

4. *¿Quiénes más vieron la tumba? (Veamos el vs. 61)*

Leamos Lucas 23:54-56 y Deuteronomio 5:12-15.

5. *¿Por qué las mujeres no embalsamaron inmediatamente el cuerpo de Jesús?*

Las autoridades pusieron una fuerte guardia frente al sepulcro sellado porque temían que sus discípulos viniesen de noche y robasen el cuerpo del Señor. La verdad era que Cristo había profetizado antes de morir que al tercer día resucitaría de entre los muertos.

6. Leamos Mateo 27:62 a 66 y ponga una "X" a la (o las) frase (s) correcta (s).

_____ *a) Las autoridades judías fueron a cuidar el sepulcro.*

_____ *b) Pilato quiso asegurarse de que nadie robara el cuerpo de Jesús.*

_____ *c) Las autoridades judías solicitaron una guardia para el sepulcro.*

7. ¿Qué otra medida tomaron para asegurar la tumba? (Veamos el vs. 66)

Terminemos la lección de hoy dando gracias a Dios por la fe de José de Arimatea, que es un testimonio y un buen ejemplo para nosotros.

Lección 46
Camino a la resurrección

Lectura: Lucas 24:13-35

Texto: Lucas 18: 33b-34 '... al tercer día resucitará.
Sin embargo, ellos no entendían nada de esto. Esta palabra les estaba encubierta, y no entendían lo que se les decía.'

El domingo de resurrección

Al amanecer el primer día de la semana, hoy llamado domingo, con tristeza, las mujeres fueron al sepulcro a embalsamar el cuerpo de Jesús. Venían pensando quien les ayudaría a remover la piedra que cubría la entrada al sepulcro. Con gran asombro vieron la tumba abierta y vacía.

Preguntas ↓	Mateo 28: 1-10	Marcos 16:1-11	Lucas 24:1-12	Juan 20:1-18
1. ¿Quién (quiénes) fue (fueron) a la tumba?				
2. ¿A qué hora fue (fueron) a la tumba?				
3. ¿Por qué fue (fueron)?				
4. ¿Hubo terremoto?				

Preguntas ↓	Mateo 28: 1-10	Marcos 16:1-11	Lucas 24:1-12	Juan 20:1-18
5. ¿Hubo guardias?				
6. ¿Qué sucedió a la piedra?				
7. ¿Entraron en la tumba?				
8. ¿Encontraron a alguien en este momento?				
9. ¿Encontraron a alguien más adelante?				
10. ¿A quién(es) encontraron?				
11. ¿Cuántos eran?				
12 ¿Cuál era su aspecto?				

Preguntas ↓	Mateo 28: 1-10	Marcos 16:1-11	Lucas 24:1-12	Juan 20:1-18
13. ¿Dónde estuvieron exactamente?				
14. ¿Qué dijeron?				

12.   *Jesús había resucitado a varias personas durante su ministerio. Mencionemos a dos de ellos.*

13.   *¿Cómo fue diferente la resurrección de Jesús diferente de otros casos de resurrecciones en la Biblia?*

Leamos las siguientes citas bíblicas y especifique a quién se le presentó nuestro Señor después de haber resucitado.

14.   *Mateo 28:8 y 9*

15.   *Marcos 16:14*

16.   *Lucas 24:13-15*

17.   *Lucas 24:34*

18.   *Juan 20:15 y 16*

19.   *I Corintios 15:5 a 8*

Note que aun viéndole y escuchándole, ellos no lo creían ni entendían. Entonces, Jesús añadió más "pruebas indubitables, apareciéndoseles durante cuarenta días y hablándoles acerca del reino de Dios." (Hechos 1:3)

¿Qué otras pruebas les dio de que en realidad estaba físicamente vivo?

20.   *Lucas 24:25 a 27*

21.   *Lucas 24:30, 31, y 35*

22. *Lucas 24:39 y 40*

23. *Lucas 24:43*

Lucas 24:25-27 nos enseña dos cosas muy importantes:
1. Este era el plan de Dios anunciado por los profetas.
2. Fue necesario que aconteciera así.

27. Leamos Juan 3:17, 18 y 1 Timoteo 1:15, 16. ¿Por qué era necesario que Cristo muriera y resucitara? ¿Por qué vino al mundo?

Jesús era inocente, santo, perfecto. Empero sufrió como si hubiera sido el peor de los pecadores. Así abrió una oportunidad para los culpables. Fue a la cruz para sustituir a los que crean en él

28. Leamos 1 Corintios 15:20 a 23. ¿Qué promesa nos da la resurrección de Jesús?

Por tanto, el domingo de resurrección es más que una fiesta religiosa, nacional, o carnal. Es una gran celebración de la victoria de Jesús sobre el pecado y sobre la muerte. Es las primicias de la resurrección de todos los suyos.

Lección 47
Camino a los confines de la tierra

Lectura Bíblica: Mateo 28:18-20

Texto: Mateo 28:19 "Por tanto, id y haced discípulos a todas las naciones, bautizándoles en el nombre del Padre, del Hijo y del Espíritu Santo..."

Introducción:

Cuando los discípulos vieron a Jesús después de su resurrección, estaban entre asustados, aterrorizados, incrédulos, dudosos, confundidos, y en algunos casos, alegres o aun, extáticos. Pero, ¿por qué tenía Jesús que insistir tanto con ellos sobre la misión que tenían por delante? ¿No estaba claro cuál era su llamado, su vocación, sus tareas, y sus funciones, dado que Jesús ya les había llamado, comisionado, y enviado anteriormente? Ellos también habían acompañado a Jesús durante su ministerio, y lo habían observado. Todo esto debería haber sido suficiente para que ellos siguieran las pautas ya establecidas. Pero, parece que no. No estaban claros en qué venía luego de que Jesús se iría.

Pero tal vez, como los discípulos, todavía nosotros tampoco estamos claros sobre el llamado o comisión de Cristo para nuestras vidas. ¿Qué es lo que él quiere con nuestras vidas? ¿Cómo debemos servirle? Bien, las comisiones de Jesús a sus discípulos nos pueden ayudar a entender nuestro llamado hoy.

Hay una necesidad urgente para la iglesia comprender el contenido y significado de estas grandes comisiones. Hablamos de "las grandes comisiones" porque hay cinco ejemplos bíblicos de las comisiones, uno en el final de cada uno de los cuatro Evangelios y uno al principio del libro de Hechos. Cada uno de los cinco textos aporta un contenido más amplio, y un entendimiento mayor a lo que Jesús instruyó a los apóstoles como su tarea luego de que él ascendiera al cielo.

Leamos los textos como presentados en la siguiente tabla, y según estas lecturas, contestemos las preguntas:

Resumen de las comisiones	Mateo 28:16-20	Marcos 16:14-18	Lucas 24:33, 43-49	Juan 20:19-23	Hechos 1:3-8
1. ¿Cuándo se presentó a los discípulos y los comisionó?			Vss. 1, 13, 33		Vss. 3-5
2. ¿Hubo más de una ocasión?			Vs 50		Vss. 6-8
3.¿Cómo reaccionaron cuando vieron a Jesús?					
4. ¿A quiénes comisionó (quiénes estaban presentes)?					
5. ¿Dónde fue?			Vs. 33		Vss. 4-5

Resumen de las comisiones	Mateo 28:16-20	Marcos 16:14-18	Lucas 24:33, 43-49	Juan 20:19-23	Hechos 1:3-8
6. ¿Fue en más de un lugar?			Vs 50		Vss. 6-8
7. ¿Cuántas veces los comisionó?					
8. ¿Cuáles son los mandatos relativos a "ir"?					
9. ¿Cuáles mandatos dio relativos a quedar?					
10. ¿Cuáles mandatos dio relativas a las tareas?					

Resumen de las comisiones	Mateo 28:16-20	Marcos 16:14-18	Lucas 24:33, 43-49	Juan 20:19-23	Hechos 1:3-8
11. ¿Cuál es el alcance de las tareas?					
12. Comparar las tareas con Hechos 10:42.					
13. ¿Cuál(es) promesa(s) dio Jesús?					

Para resumirlo: Jesús dio una serie de instrucciones completas en "las grandes comisiones" que siguen vigentes hasta hoy en día.

Terminemos la lección de hoy orando a Dios que nos ayude a ser cristianos de las grandes comisiones.

Lección 48
Camino al cielo

Lectura: Lucas 24:47-53 y Hechos 1:9-13

Texto: Lucas 24:51 "Aconteció que, al bendecirlos, se fue de ellos, y era llevado arriba al cielo."

Las partidas y despedidas son difíciles, son tristes, pero son parte de la vida. Los niños crecen y van a la escuela; luego dejan la casa para ir a la universidad; se casan, buscan trabajo en otra ciudad. Gente enamorada a veces tienen que estar separada por un tiempo. Los amigos muchas veces tienen que despedirse por varios motivos. Jesús también tuvo que despedirse de sus discípulos.

Los pasajes que leímos hoy siguen inmediatamente las grandes comisiones. Vemos que él simplemente fue tomado ante sus ojos. Cuando lo leí, me llamó la atención que ni les dijo "adiós".

Pero su salida no fue una despedida final. No fue el final de su relación con ellos, o su participación en la tierra. Su muerte no había sido el final, tampoco fue su resurrección el final. Y su ascensión, lejos de haberse ido para siempre, significaba que seguiría presente por siempre. A pesar de que no iba a estar presente en cuerpo, todo lo que significaba "Jesucristo" no se acabó. Por el contrario: la ascensión de Jesús trajo el plan global de Dios para restaurar la creación a otro nivel.

Primero, significaba que Jesús fue entronizado en la gloria. Y desde su trono en el cielo, Jesús fue mejor colocado para dirigir su Iglesia por todo el mundo, no importa de donde estaba. Durante su ministerio en la tierra, Jesús era limitado, como ser humano, a un tiempo y lugar. Pero una vez entronizado en el cielo, Jesús es capaz de ejercer "toda autoridad en el cielo y en la tierra". En el cielo, él reina como Señor y Salvador de todo el mundo y el jefe de la Iglesia. Él asegura que el evangelio del Reino y de arrepentimiento y perdón será predicado a todas las naciones. Él puede ser nuestro abogado ante el trono de Dios. Él puede edificar su iglesia como había prometido, y que las puertas del infierno no serían capaces de detenerlo.

Segundo, Jesús dejó otra promesa: la de enviar al Espíritu Santo. Me encanta lo que Jesús dice en Juan 16:7 *es para su beneficio que yo me vaya, porque si no voy, el consejero no vendría a vosotros; pero si me voy, os lo enviaré.* Los discípulos habían resistido a Jesús cada vez que mencionó que iba a sufrir y morir, o que los iba a dejar. Así que esta respuesta trae consuelo y seguridad. Aunque con respecto a su naturaleza humana él ya no está en la tierra, pero con respecto a su divinidad, majestad, gracia y espíritu nunca está ausente de nosotros. Su Espíritu mora en nosotros y esta presencia espiritual fortalece a la iglesia a través del fruto del espíritu y los dones del espíritu, para llevar a cabo su gran comisión.

Así que la ascensión de Jesús marcado un comienzo, no un fin. Es en ese interludio, durante los milenios entre la ascensión y el reino venidero, cuando la iglesia lleva a cabo los grandes mandamientos y la gran comisión.

Jesús mandó a sus discípulos, como parte de las grandes comisiones, "Quédense" y "esperen" para la venida del Espíritu Santo prometido. Pero no fue una espera pasiva: en Hechos capítulo uno, mientras esperaban, prepararon y oraron. Entonces, al llegar el poder de lo alto, la estancia y la espera terminaron. Comenzó el trabajo de cumplir con las grandes comisiones de ir, testificar, predicar, bautizar y enseñar a todo el mundo.

Completemos este ejercicio sobre los detalles de la ascensión según cada uno de los relatos textuales de cada texto. Notemos que no están Mateo ni Juan porque ellos no relatan la ascensión.

Preguntas:	Marcos 16:19-20	Lucas 24:50-53	Hechos 1:9-14
¿Dónde ocurrió?			
¿Cuándo ocurrió?			
¿Hubo nubes?			
¿Hubo una bendición?			

Preguntas:	Marcos 16:19-20	Lucas 24:50-53	Hechos 1:9-14
¿Hubo ángeles?			
¿Cuáles declaraciones de hicieron?			
Después de la ascensión, ¿qué hicieron los discípulos?			

Revisemos estos otros textos relativos a la ascensión: ¿Cuáles son los temas y descripciones contenidos en cada uno de ellos?

- *Rom. 8:34*
- *Efesios 1:20, 21*
- *Ef. 2:6*
- *Ef. 4:4-8*
- *Fil. 2:9,*
- *Col 3:1*
- *1 Tim. 3:16*
- *Hebreos 1:3*
- *Heb. 8:1*
- *Heb.12:2*
- *1 Pedro 3:22*
- *Apocalipsis 1:13-20*
- *Ap. 5:5-14*

Lección 49
Camino de regreso

Lectura: Hechos 1:10 y 11

Texto: 1 Tesalonicenses 4:16 "Porque el Señor mismo descenderá del cielo con aclamación, con voz de arcángel y con trompeta de Dios; y los muertos en Cristo resucitarán primero."

Por último, hay otra promesa: que su ausencia física no sería permanente. Cristo está sentado a la diestra de Dios, pero no se quedará allí para siempre. Los dos hombres vestidos de blanco dijeron a los discípulos, *"este mismo Jesús volverá del mismo modo que lo vieron ir."* En la culminación del plan de restauración, él regresará a la tierra en gloria, visiblemente, majestuoso, glorioso. Será el cumplimiento de su exaltación. El día y la hora son desconocidos, así que tenemos que estar preparados. Pero, ¿qué se supone que debemos hacer? Oí un chiste: "Jesús viene pronto. Verse ocupado". En cierto modo, es cierto, aunque mucho más ajetreo. Es que tenemos que estar ocupados en los negocios de su Reino. Pensamos en las parábolas de los talentos en el que Jesús exhorta a aprovechar al máximo los recursos y dones que Dios ha dado. Tenemos que estar comprometidos con su visión y misión.

Por esta razón fue un error la reacción inmediata de los discípulos al ver a Jesús ascender: Hechos 1:10 dice que *"se quedaron mirando atentamente hacia el cielo como él iba…"*

Pero fueron corregidos como vemos en el resto del vs 10: *"de repente dos hombres vestidos de blanco estaban parados al lado de ellos. 'Hombres de Galilea, dijeron, ¿por qué quedan mirando al cielo? Este mismo Jesús, que ha sido tomado de vosotros al cielo, volverá de la misma manera que lo han visto ir."*

Jesús no les había mandado a quedar parados allí mirando hacia el cielo. Les había dado una tarea a cumplir.

En primer lugar, lo importante es la tarea que Jesús nos ha dado, no en la espera de su regreso. A veces pensamos que, como el mundo está en tan terrible forma, que todo va para abajo, solo tenemos que esperar para que Jesús regrese. Es prácticamente una cita directa que escuché una vez de alguien en una iglesia después de haber predicado sobre las grandes comisiones. Inmediatamente, yo me puse a buscar alrededor de mi para ver si aparecieran esos dos hombres vestidos en blanco para que ellos decir algo. Pero, no estaban allí. Entonces, pensé, es mejor que yo diga algo. Respondió acerca de las grandes comisiones. Eso fue lo que Jesús había acabo de decir a sus discípulos: ir, predicar, hacer discípulos, testificar, perdonar, bautizar, enseñar. Y eso incluye la promesa de su presencia, de llegar todas las naciones, y del éxito final.

Y Jesús vuelve, ¡por supuesto! ¡Qué gloriosa promesa! Muchas veces queremos saber más detalles: ¿cuándo? ¿cómo será? Bueno, eso no es un sentimiento nuevo. Los discípulos tuvieron las mismas preguntas. Y Jesús siempre tuvo la misma respuesta: que es asunto de Dios. No tenemos que preocuparnos por nada de eso. Basta concentrarse en lo que él nos ha encargado. Eso es lo que él acaba de decir a sus discípulos unos versículos antes.

En segundo lugar, el enfoque no es en el cielo: en Juan 13:36 leemos: *Simón Peter dijo, "Señor, ¿dónde vas?" Respondió Jesús: "Donde yo voy, no puedes seguirme ahora; pero seguirán después."* Así que a ponerse mirando hacia el cielo, a concentrarse en las visiones celestiales, en cómo es el cielo, en estar en la gloria, llegaríamos a ser tan celestial en nuestro pensar que no servimos para nada en la tierra. No es lo que estamos llamados a ser. No es lo que fuimos comisionados a hacer. Sí, tenemos fe y esperanza en el Reino eterno de Dios en el cielo, pero, recuerde que Jesús nos enseñó a orar, *"Venga tu reino, hágase tu voluntad, en la tierra como es en el cielo."* El enfoque correcto es, sirviendo para dar testimonio de Cristo y su reino en la tierra.

Por eso tampoco debemos enfocarnos excesivamente en el retorno de Cristo o en el cielo. Sólo por cumplir la gran comisión podemos realmente entender a Jesús, su vida, su ministerio, su muerte, su resurrección, su ascensión, su entronización, su futuro regreso en gloria y nuestra gloria eterna. Eso es lo que significa la ascensión de Jesús a nosotros: que estamos para llevar a cabo su comisión hasta que él vuelve otra vez.

Stephen Brauning

Made in United States
North Haven, CT
14 October 2022

25434944R00108